Edition Maritim

TH. SCHEDINA · F. WAGNER

Dalmatien
Vis, Lastovo und Mljet

Liegeplätze und Landgänge

Edition Maritim

Autor und Verlag übernehmen für Irrtümer, Fehler oder Weglassungen keinerlei Gewährleistung oder Haftung. Die Pläne dienen zur Orientierung und nicht zur Navigation; sie ersetzen also keineswegs offizielle Schifffahrtskarten.

Bibliografische Information Der Deutschen Bibliothek
Die Deutsche Bibliothek verzeichnet diese Publikation in der Deutschen Nationalbibliografie; detaillierte bibliografische Daten sind im Internet über „http://dnb.ddb.de" abrufbar.

1. Auflage
ISBN 3-89225-537-7
ISBN 978-3-89225-537-6
© 2006 Edition Maritim GmbH
Raboisen 8, 20095 Hamburg

Umschlaggestaltung: Buchholz/Hinsch/Hensinger, Hamburg
Fotos und Pläne: Thomas Schedina
Lithografie: scanlitho.teams GmbH, Bielefeld
Druck und Bindearbeiten: Kunst- und Werbedruck GmbH & Co KG, Bad Oeynhausen

Printed in Germany 2006

Alle Rechte vorbehalten! Ohne ausdrückliche Erlaubnis des Verlages darf das Werk, auch nicht Teile daraus, weder reproduziert, übertragen noch kopiert werden, wie z. B. manuell oder mithilfe elektronischer und mechanischer Systeme inkl. Fotokopieren, Bandaufzeichnung und Datenspeicherung.

Vertrieb: Delius Klasing Verlag, Siekerwall 21, 33602 Bielefeld
Tel.: 0521 / 55 90, Fax: 0521 / 55 91 15
E-Mail: info@delius-klasing.de
www.delius-klasing.de

Inhalt

Vorwort	7

Einführung 10
Wussten Sie, dass … 10
Wind und Wetter 11
Seewetterberichte 12
Tankstellen 13
Hinweis zu den Koordinaten 14
Nautische Literatur 14
Nützliche Adressen 15
Kleines Wörterbuch
   Essen und Trinken 16
Kroatien und der Wein 16
Allgemeines zu Mittel- und
   Süddalmatien 19
Fische, Muscheln und andere
   Meerestiere 19
Symbole in den Plänen 21

Insel Vis 22
Konobas und Restaurants 30
Vis – Stadtteil Luka 30
   Konoba Dorucak kod Tihane 30
Vis – Stadtteil Kut 31
   Restaurant Pojoda 31
   Restaurant Val 32
   Konoba Vatrica 33
Komiza 34
   Konoba Bako 35
   Adria Klub Konoba Jastozera 36
   Riblji Restaurant Komiza 37
Bucht Mala Travna 37
   Senko Karuza 38
Bucht Stoncica 39
   Stoncica 39
Insel Bisevo 40
Bucht Bisevska Luka 40
   Konoba Tomic 41

Insel Lastovo 42
Konobas und Restaurants 47
Bucht Velji Lago – Ort Pasadur 47
   Restaurant Frenki 48
Bucht Zaklopatica 49
   Konoba Augusta Insula 49
   Konoba Triton 50
Bucht Skrivena Luka 51
   Restaurant Porto Rosso 52
   Konoba Porat 1 53

Insel Mljet 54
Konobas und Restaurants 59
Pomena 59
   Konoba Nine 60
   Restaurant Galija 61
Bucht Polace 62
   Konoba Stella Maris 63
   Konoba Ogigija 64
   Restaurant Bourbon 64
Bucht Sobra 65
   Restaurant Mungos 66
Bucht Prozura 67
   Konoba Marijina 67
   Konoba Barba 69
Bucht Okuklje 69
   Konoba Maran 71
   Restaurant Porto Camara 72
   Konoba Maestral 73
Bucht Podskolj 73
   Konoba Stermasi 73
Bucht Saplunara 75
   Konoba Kod Ante 75
   Konoba Franka 77

Danksagung 78
Register 79

Vorwort

Welche spontanen Antworten erhält man, wenn man seinen persönlichen Bekannten- und Freundeskreis nach Reisezielen mit viel Sonne, hunderten verträumten Inseln, bezaubernden Landschaften Buchten und kristallklarem Wasser fragt? Richtig: Man hört die Karibik, Thailand, Malaysia, Philippinen und eventuell die Südsee. Erst beim Nachfragen und dem gezielten Einschränken von Regionen werden viele neben Griechenland und der Türkei auch Kroatien nennen – und wir wollen dies gründlich ändern: Der Initiator und Mitautor dieses Buches, Thomas Schedina (Skipper vor Ort), ist vom Virus Dalmatien infiziert. Mehrmals im Jahr bereise ich – seit Jahrzehnten – die Küsten Dalmatiens mit dem Boot, und ohne Kroatien verspüre ich Entzugserscheinungen.

Als gestandener Österreicher hege ich zu diesem jungen Land bereits so etwas wie Heimatgefühle. Der Wunsch, ein Buch über diese Region zu schreiben, wuchs von Jahr zu Jahr – nun liegt es vor. Bewusst habe ich in meinen Beschreibungen die Reisezeit September gewählt, denn als ausgesprochener Vor- und Nachsaisonfan wollte ich den Lesern auch die reizvolle und mitunter preisgünstigere Zeit knapp vor und um den Herbstbeginn etwas näher bringen. Die Ortskenntnis stammt also von mir. Für den durchaus gleich wichtigen Teil – nämlich Essen und Trinken – konnte ich einen Mann gewinnen, der mit Sicherheit die besten Voraussetzungen mitbringt, dieses Thema in Worte zu fassen: Fritz Wagner, in Wien geboren und aufgewachsen. Während und nach dem Studium (Akademie für angewandte Kunst) einige Lehrjahre in der Einrichtungsbranche beim österreichischen Marktführer. Parallel von Kindesbeinen an begeisterter Musiker und ab 1977 Mitglied einer engagierten österreichischen Popformation. Seit mehr als zwei Jahrzehnten Inhaber einer Werbeagentur mit den Schwerpunkten: Internet, Multimedia, Konzepterstellung, Eventplanung. Das Reisen mit dem Boot hat sich zu seinem liebsten Hobby entwickelt. Gerne gut essen (leider manchmal zu viel) gehört zur Grundphilosophie dieses Mannes.

Keinesfalls wollten wir ein Gastronomie-Branchenbuch erstellen. Unser Wunsch ist es, Ihnen für Vis, Lastovo und Mljet einen repräsentativen Querschnitt der Restaurants zu bieten. Sollte das eine oder andere Lokal hier nicht erwähnt sein, bedeutet dies keinesfalls eine schlechte Bewertung, sondern ist eher eine Aufforderung, eigene Entdeckungen zu machen. Ziel des Buches ist es, Sie für diese Inseln zu begeistern – Reisefieber wird sich garantiert einstellen: Lassen Sie Ihre Seele baumeln!

Thomas Schedina/Fritz Wagner
Wien, im Frühjahr 2006

Dalmatien – Vis, Lastovo und Mljet

Übersichtskarte

Einführung

Wussten Sie, dass ...

... der 1778 km langen kroatischen Küste über 1000 Inseln vorgelagert sind?

... Sie es hier mit einem der schönsten und abwechslungsreichsten Reviere im Mittelmeer zu tun haben?

... hier eine äußerst bezaubernde Küstenlandschaft das Auge erfreut, die dennoch nur einen Katzensprung außerhalb des deutschsprachigen Raumes beginnt?

... Sie kristallklares Wasser für alle Ihre Aktivitäten im Meer erwartet?

... Sie jeden Tag einen neuen Ort oder eine neue Bucht besuchen können?

... Sie hier auf geschichtsträchtigen Boden mit vielen historischen Städten und Plätzen treffen?

... hier sehr selbstbewusste Einwohner leben, die alte Traditionen pflegen, aber gleichzeitig auf dem Sprung in die Europäische Union sind?

... hier ein Urlaub viel mit Sonne und regionaler Küche zu tun hat, aber fast nichts mit den unleidlich bekannten Auswirkungen des Massentourismus?

Wer meint, dass sich die Bewohner Kroatiens auf ihrem schmalen Landstreifen, der nach Dubrovnik hin immer spitzer zuläuft und an der schmalsten Stelle nur acht Kilometer misst, beengt fühlen, der irrt. Das Meer mit seinen zahlreichen Inseln und die vielen Quadratmeilen der Riffe und Kanäle sowie die Fahrrinnen bilden gemeinsam mit dem Festland eine unzertrennliche Einheit. Wer immer in diese Gewässer eindrang (etwa die Venezier, die ab dem 15. Jahrhundert große Teile Dalmatiens 370 lange Jahre beherrschten), musste zwangsläufig einsehen, wie weitläufig die Gewässer vor diesem engen Küstenstreifen sind.

Geschützte Buchten und gemütliche Konobas – das ist Dalmatien pur!

Einführung

Dieses Buch führt Sie auch in die weinkulinarische Welt der dalmatinischen Inseln Mljet, Lastovo und Vis. Zusätzlich vermitteln wir Einkaufstipps und verraten Ihnen, welche Sehenswürdigkeiten Sie nicht verpassen sollten.

In erster Linie haben wir das vorliegende Buch für alle Skipper mit expliziter Vorliebe an regionaler Küche und Keller geschrieben.

Pläne, Fotos sowie Detailinformationen zu Liegeplätzen und Landgängen – inklusive einem kleinen Gourmetführer – runden das Buch ab.

Trotz aller Sorgfalt kann es vorkommen, dass sich die Gegebenheiten ändern. Insbesondere Gastronomiebetriebe ändern zuweilen Ihre Öffnungszeiten und/oder haben bestimmte Gerichte gerade nicht auf der Speisekarte. Auf der sicheren Seite sind Sie mit einem kurzen Anruf vor Ihrer geplanten Ankunft. Es hilft dem Wirt zu disponieren und erspart Ihnen möglicherweise Zubereitungszeiten, die bis zu einer Stunde dauern können. Fragen Sie ruhig nach eventuellen Tagesspezialitäten (Fische, Krustentiere), da diese nicht unbedingt auf der Speisekarte stehen müssen.

Die Pläne in diesem Buch ersetzen nicht die notwendigen offiziellen Karten – sie dienen zur Orientierung und nicht zur Navigation. Jedes Seegebiet hat seine eigenen Gefahren, und dies trifft auch auf die Adria zu. Voraussetzungen für einen sicheren Törn sind das Wissen um die Wetter- und Windsysteme sowie deren Gesetzmäßigkeiten.

Wind und Wetter

In der Hauptsaison trifft man zumeist auf günstige Wetterbedingungen. Mit Starkwinden hat man es überwiegend nur in den Wintermonaten zu tun. Den Sommer über muss man mit schwachen bis mäßigen Winden rechnen; ein heftiges Gewitter kann aber gelegentlich vorkommen. Auch sind Windhosen in den letzten Jahren häufiger geworden. Die Bora, die zuweilen be-

Wolkenformation über dem Lastovnjaci-Archipel

sonders heftig aus NE-lichen Richtungen auf die Küste herabweht, ist ein trockener und kalter Wind aus dem Landesinneren und bringt vor allem Schönwetter. Der Jugo bläst im Gegensatz dazu warm und feucht aus ESE bis SSE vom Meer her. Mein Ratschlag für alle Nautiker in der Adria: Niemals Wind und Wellen unterschätzen, immer den Seewetterbericht studieren, möglichst nichts riskieren.

In den letzten Jahren musste ich feststellen, dass windstille und windschwache Perioden immer rarer werden. Da ich oftmals die Vor- und Nachsaison für meine Reisen nutze, prägten einige Male recht wechselhafte Wetterbedingungen den Reiseverlauf.

An der Rezeption in fast allen Marinas (Vorhersagen und Aussichten für 24 bzw. 96 Stunden) und in Hafenämtern (Vorhersagen und Aussichten für 24 bzw. 48 Stunden) erhält man genaue Seewetterberichte.

Über das Internet kann man sich ebenfalls sehr gut informieren. Internetzugang gibt es in den Marinas, in den vielen Internetcafés und überall dort, wo Sie über einen Laptop ins Internet gelangen. Folgende Internetadressen haben sich als sehr brauchbar erwiesen:
http://prognoza.hr/prognoze_en.html oder http://meteo.hr/index_en.php (Wetterberichte und -vorhersagen in kroatischer, englischer, italienischer und deutscher Sprache – meiner Meinung nach erhält man dort die verlässlichste Auskunft. Sehr gut: 4-Tage-Vorhersage der zu erwartenden Wellenhöhe!)
http://www.wetteronline.de (Wetterberichte in deutscher Sprache)
Folgende Seite vom Institute of Oceanography and Fisheries, Split, Dubrovnik, hat ein sehr aufschlussreiches Live-Bild (mit Wasser- und Lufttemperatur) aus Split in Richtung Solta – dahinter befindet sich in weiterer Folge Vis:
http://www.izor.hr/webcameng.htm

Seewetterberichte

Bandansage im UKW-Sprechfunk
Die kroatischen Hafenämter verbreiten Wetterinformationen (Übersicht, Vorhersage für 24 Stunden und Luftdruck) in kroatischer, englischer, italienischer und deutscher Sprache für die kroatischen Küstengewässer. Diese Angaben sind auf Band gesprochen, werden alle 10 Minuten wiederholt und täglich um 0700, 1300 und 1900 Uhr (GZ) aktualisiert. Für das Seegebiet in diesem Buch sind interessant:
Dubrovnik, UKW-Kanal 73, Gebiet: südadriatisches Meer, östlicher Bereich;
Split, UKW-Kanal 67, Gebiet: mitteladriatisches Meer, östlicher Bereich.

Küstenfunkstellen
Seewetterberichte werden in kroatischer und englischer Sprache für das in diesem Buch beschriebene Revier von folgenden Küstenfunkstellen ausgestrahlt:
Dubrovnik, UKW-Kanal 07; abgesetzte Stationen: Hum, UKW-Kanal 85 und Uljenje, UKW-Kanal 04. Sendezeit: 0625, 1320 und 2120 Uhr (UTC). Inhalt: Seewetterbericht für das Adriatische Meer, Nautische Warnnachrichten für die kroatischen Küstengewässer.
Split, UKW-Kanal 21; abgesetzte Stationen: Brdo Hum, UKW-Kanal 81; Celavac, UKW-Kanal 28; Sveti Mihovil, UKW-Kanal 07 und Vidova Gora, UKW-Kanal 23. Sendezeit: 0545, 1245 und 1945 Uhr (UTC). Inhalt: Seewetterbericht für die nördliche, mittlere und südliche Adria, Nautische Warnnachrichten für die kroatischen Küstengewässer.

NAVTEX
Die Station in Split strahlt mit einer Reichweite von ca. 150 Seemeilen aus, Kennung „Q". Frequenz: 518 kHz. Sendezeit: 0240, 0640, 1040, 1440, 1840 und 2240 Uhr (UTC). Inhalt: Sturm-

Einführung

Tanken in Sobra auf Mljet – ausreichend Platz und einfache Ansteuerung machen diese Tankstelle so beliebt.

warnungen, Übersicht und Vorhersage für 24 Stunden für die nördliche, mittlere und südliche Adria sowie für die Straße von Otranto, Nautische Warnnachrichten für die kroatischen Küstengewässer.

Im Notfall
Ist kein Notruf im UKW-Sprechfunk möglich, können Sie mit dem Mobiltelefon die kroatische Seenotleitstelle (MRCC) Rijeka unter der landesweiten Notrufnummer 9155 – ohne Vorwahl – alarmieren.

Tankstellen

Auf jeder der drei Inseln gibt es eine INA-Tankstelle.
Öffnungszeiten:

Vis
01.10.–31.05.: Mo–Sa 0700–1200 und 1700–1900 Uhr.
01.06.–30.09.: Mo–Sa 0700–2100 und So 0800–1200 Uhr.

Lastovo
01.10.–31.05.: Mo–Sa 0700–1200 und 1700–2000 Uhr*.
01.06.–30.09.: Mo–So 0700–2000 Uhr.
*Feiertage geschlossen

Mljet
01.10.–31.05.: Mo–Sa 0700–1200 und 1700–1900 Uhr*.
01.06.–30.09.: Mo–So 0700–1900 Uhr*.
* Feiertage geschlossen

Leider legt man in Dalmatien die Öffnungszei-

Durch traumhafte Inselformationen um Mljet

ten manchmal etwas großzügig aus. Geduld ist in dieser Region eine Urlaubstugend. Wenn eine Treibstoffart ausgegangen ist, bedeutet dies, dass man zumeist auf den nächsten Tag warten muss.
Es gibt Preisunterschiede bei den Tankstellen. Bei großen Füllmengen kann das mitunter für das Urlaubsbudget recht belastend werden. 2005 lehrte uns die Erfahrung, dass es den günstigsten Treibstoff auf Lastovo gab. Auf Mljet mussten wir unsere hungrigen Motoren mit dem teuersten Sprit füttern.
Wasser für Ihren Frischwassertank gibt es nur auf Mljet (ca. 0,15 Kuna je Liter).

Hinweis zu den angegebenen Koordinaten

Die bei den Restaurants, Konobas und Gasthäusern genannten Angaben zur Breite und Länge geben einen Punkt im Wasser in der Nähe der o. a. Einrichtungen an. Ausdrücklich betonen wollen wir aber, dass diese keineswegs als GPS-Wegpunkte nutzbar sind. Als kleine Hilfe, um das eine oder andere Restaurant rascher zu finden, können sie jedoch verwendet werden (alle Angaben sind gerundet).

Nautische Literatur

Jedem Reisenden durch die dalmatinische Inselwelt seien folgende Titel empfohlen:
Küstenhandbuch Kroatien, Edition Maritim, Hamburg
Kroatien – 808 Häfen und Buchten, Verlag Karl-Heinz Beständig, Pressig.

Einführung

Überall werden selbstgemachte Köstlichkeiten zum Kauf angeboten – hier auf Mljet.

Nützliche Adressen

Deutschland
Kroatische Zentrale für Tourismus
Kaiserstr. 23
60311 Frankfurt
Tel. 069 238 5350
Fax 069 2385 3520
E-Mail: Kroatien-Info@gmx.de
oder

Kroatische Zentrale für Tourismus
Rumfordstraße 7
80469 München
Tel. 089 22 33 44
Fax 089 22 33 44-77
E-Mail: kroatien-tourismus@t-online.de
www.kroatien.hr

Österreich
Kroatische Zentrale für Tourismus
Am Hof 13
1010 Wien
Tel. +43 1 585 38 84
Fax +43 1 585 38 84 20
E-Mail: office@kroatien.at

Schweiz
Kroatische Zentrale für Tourismus
Badenerstraße 332
8004 Zürich
Tel. +41 (0) 43 321 82 11
Fax +41 (0) 43 321 82 13
E-Mail: kroatien@gmx.ch

Kleines Wörterbuch Essen und Trinken

Kroatisch	Deutsch
Köstlichkeiten vom Grill (Rostilj)	
Raznjici	Spießchen
Cevapcici	Fleischröllchen
Pljeskavica	Fleischlaibchen, Frikadellen
Janjetina	feiner Lammbraten, mit mediterranen Kräutern garniert
Genüsse aus den Tiefen der Adria	
Brancin	Wolfsbarsch
Gof	Holzmakrele
Grdobina	Seeteufel
Kirnja	Zackenbarsch
Kokotic	Knurrhahn
Kovac	St. Petersfisch
List	Seezunge
Orada	Goldbrasse
Romb	Steinbutt
Skrpina	Drachenkopf
Srdela	Sardine
Tuna	Tunfisch
Ugor	Meeraal
Zubatac	Zahnbrasse
Dagnje, musule	Miesmuscheln
Grancigula	Seespinne
Hlap	Hummer
Jastog	Languste
Kamenice	Austern
Kapesante	Jakobsmuschel
Lignje	Kalmare
Prstaci	Steinbohrermuscheln
Sipa	Tintenfisch
Scampi	Skampi
Brodet	Fischeintopf
Wurst- und Schinkenarten	
Prsut	dalmatinischer, doppelt geräucherter Schinken
Sokol	Rohwurst
Ombolo	mariniertes, luftgetrocknetes Fleisch
Käse (Sir)	
Kozji sir	Ziegenkäse
Ovcji sir	Schafskäse, geräuchert oder ungeräuchert
Paski sir	Schafkäse von der Insel Pag, renommierter Schafs- und Ziegenkäse
Süßspeisen	
Palacinke	Palatschinken, Pfannkuchen
Rozata	karamellisierte Eiercreme
Hib	Fladen aus gemahlenen, getrockneten Feigen
Kolaci	Kuchen
Liköre und Schnäpse	
Travarica	Kräuterbrand (oft hat der Wirt ein eigenes Geheimrezept des Brandes)
Sljivovica	Pflaumenbranntwein
Pelinkovac	Wermutwein

Biersorten (Pivo)
Karlovacko: gebraut in Karlovac
Ozujsko: gebraut in Zagreb („Märzenbier" – in Österreich und Kroatien wird das helle Lagerbier so bezeichnet)
Osjecko: gebraut in Osijek

Kaffee
Als Teil des ehemaligen Österreich-Ungarn hat sich in Kroatien eine Kaffeekultur entwickelt, die sehr wohl an Wiener Maßstäben gemessen werden kann. Während der Monarchie gab es obendrein eine gemeinsame Grenze zu den „Erfindern" des Kaffees, den Osmanen. All

Mediterraner Bummel in der Stadt Vis zwischen den Ortsteilen Luka und Kut

dies hat die Kroaten zu Kaffeegenießern gemacht. Als Gast des Landes wird Ihnen fast überall ein Kaffee serviert, der wirklich auch den verwöhnten Liebhaber dieses belebenden Getränks zufrieden stellen wird.
Die wohl bedeutendste Kaffeerösterei des Landes ist Franck.

Kroatien und der Wein

Hier soll nur ein wenig Hintergrundwissen vermittelt werden, um den regionalen Wein zu genießen und zu verstehen.
In Kroatien wird, wie fast überall in der Welt, gerne Wein getrunken. Auffallend sind jedoch regionale Unterschiede hinsichtlich der geschmacklichen Auswahl. Im Südteil Kroatiens bevorzugt man eher den aromatischen, jedoch schwereren Bevanda (Rotwein, mit Wasser verdünnt). Im Norden und Nordwesten des Landes wählt man leichtere sowie säuerliche Weinsorten und verdünnt diese mit Mineralwasser (gemist – von deutsch gemischt) oder Soda (spricer – von deutsch „Spritzer" oder österreichisch „Gspritzter").
Seit über zwei Jahrtausenden wird auf den kroatischen Inseln und dem Festland nachweislich Weinbau betrieben – reiche archäologische Funde bezeugen dies. Die Rebsorte Vugava soll angeblich sogar schon während der griechischen Kolonisation auf Vis gezogen worden sein. Die Traube ist goldgelb und mit einem typischen Aroma ausgestattet. Deshalb wird sie auch sehr gerne als vitaminreiche Speisetraube verzehrt. Die Hochsaison der Vugava ist zur Erntezeit im Herbst. Die Winzer öffnen die Kellertüren und tragen die Fässer ins Freie. Der

ganz besondere Duft, der dann die Orte erfüllt, kündigt an, dass mit dieser frühreifen Sorte die jährliche Zeit der Weinlese in Dalmatien begonnen hat.

Auf der Halbinsel Peljesac sind die Weinanbauflächen überschaubar, und hier gedeiht die Rebe Plavac Mali. Die extrem steilen Weingärten (teilweise mit einem weit über 50°-Gefälle zum Meer), der felsige Boden wie auch der intensive Einsatz der Winzer in Verbindung mit dem Klima macht es möglich, einen einzigartigen Wein, den Dingac, zu produzieren. Dunkelrubinfarben im Glas und höchst aromatisch, vermag er fast jeden Weingenießer zu überzeugen. Ein Novum des Weinbaus in der Gegend um den Ort Dingac ist, dass die Trauben (noch) nicht gespritzt werden. Die Ernte erfolgt an den steilen Hängen mit Eseln. Den Dingac wusste man übrigens auch am österreichischen Kaiserhof zu schätzen, was ihm den Namen „Kaiserwein" einbrachte.

Aus Kalifornien wieder in seine ursprüngliche Heimat zurückgekehrt, ist Miljenko Grgic (Mike Grgich) der unumstrittene Winzerkönig Dalmatiens mit unzähligen Auszeichnungen und Preisen. Felsenfest ist er überzeugt, dass selbst der kalifornische Zinfandel kroatische Rebahnen, nämlich die Plavac mali-Traube hat. Auch auf der Insel Hvar wird Plavac mali gezogen. An den steilen Hängen um Sveta Nedjelja kann es sich der Winzer Zlatan Plenkovic inzwischen leisten, seine einst schwer zugänglichen Weingärten mithilfe eines durch den Berg gegrabenen Tunnels zu erreichen.

Auf Korcula gibt es den Grk, Posip und den Maratsina. Krk wartet mit der autochthonen Rebe Zlahtina auf. Diese wächst nur rund um den Ort Vrbnik.

Auch Istrien erlebt derzeit die Wiederentdeckung des traditionellen Weinbaus. Die Weinanbaugebiete liegen an der Küste um Porec und Buje sowie im Landesinneren bei Buzet.

Weinanbau und Blick über die Bucht von Komiza

Einführung

Immer wieder ein Genuss: der Autor bei einer kleinen Weinprobe

Süddalmatien
Eine besonders geschichtsträchtige und schöne Stadt ist Korcula wie auch die romantische Insel Mljet. Dort wird bevorzugt die Bucht Okuklje angesteuert. Auch die „Perle der Adria" Dubrovnik ist von hier aus leicht zu erreichen.
Tipp: Auf dem Weg nach Dubrovnik lohnt ein kleiner Zwischenstopp auf einer der subtropischen Elaphiten-Inseln, etwa Sipan oder Lopud.

Fische, Muscheln und andere Meerestiere

Die einheimische Küche an der kroatischen Küste liebt Fisch in allen Variationen. Grob unterschieden wird zunächst einmal zwischen den „weißen" und den „blauen" Fischen.
Weiße Fische, wie Brasse, Seezunge, Rotbarbe, Seeteufel oder Drachenkopf, haben helles und fettarmes Fleisch. Blaue Fische, das sind Sardinen, Makrelen und Tunfisch, haben dunkles und wesentlich fetteres Fleisch.
Der Grill ist für fast jeden Fisch die Zwischenstation auf dem Weg zu einem Freudenmahl. Blaue Fische eignen sich eher zum Braten und sollten daher den weißen in der Suppe den Platz überlassen.
Sardinen werden vorzugsweise eingesalzen. Die kleinen Fische (Ährenfische) werden als Ganzes frittiert. Vom Speiseplan nicht wegzudenken sind Weich- und Krustentiere (Tintenfische und sämtliche Muscheln), hervorzuheben sind die hervorragenden Austern.
Achtung: Die Steinbohrermuschel (Prstaci) ist zwar köstlich, aber geschützt. Unter der Hand wird sie jedoch immer wieder gegen teures Geld angeboten. Ein verantwortungsbewusster Tourist wird aber ein solches Angebot im Sinne des Umweltschutzes energisch ablehnen.
Hummer und Langusten gibt es dafür reichlich. Delikat schmeckt die eher seltene Seespinne.

Hervorzuheben sind der Teran (fruchtig – dunkelrot) oder der Malvazija.
Seit Jahren besteht in Kroation ein intensiver Wettbewerb um die beste Weinqualität, an der sich neben den großen Weinproduzenten auch kleinere Winzer beteiligen. Als Weingenießer können wir uns über die jährlichen Qualitätssteigerungen nur freuen.

Allgemeines zu Mittel- und Süddalmatien

Mitteldalmatien
Nicht nur die bekannten Inseln lohnen einen Besuch. Die Entfernungen zwischen den Häfen und Buchten sind jedoch größer als in den norddalmatinischen Gewässern. Eine eindrucksvolle Gebirgsküste gibt es am Festland bei Makarska. Der Reisende, der sich für Baudenkmäler interessiert, sollte Trogir und Split nicht auslassen.

Köstliche Langusten – gegrillt oder gekocht eine Spezialität Dalmatiens

Bei der Auswahl im Restaurant oder auf dem Markt sollten Sie bei Fischen besonders auf glänzende, hervorstehende Augen und das gesunde Rot der Kiemen achten. Sie benötigen ca. 300 g pro Person, wenn Sie den Fisch im Ganzen kaufen; bei Filets ca. 180 g pro Person. Muscheln und Krustentiere sollten lebend gekauft werden: gut riechend mit intakten Schalen. Einen Octopus (Krake) besorgt man sich am besten im gefrorenen Zustand, da das Fleisch beim Kochen schneller weich wird.

Die Königskaste im Meer – Langusten
Das delikate Fleisch der Langusten ließen sich bereits Feinschmecker im Altertum munden. Zahlreiche Tempelmalereien in Ägypten weisen darauf hin. Die Languste ist, im Gegensatz zum Hummer, scherenlos und kommt in verschiedenen Größen und Panzerfärbungen in vielen Weltmeeren vor. Zu nennen wären vor allem karibische, australische und kalifornische Langusten.

In Europa erhält man meistens die mauretanische und europäische (genau aus der Region, die wir hier beschreiben) Languste im Handel. Langusten sind die nach dem Hummer höchstbezahlten Krustentiere.

Tipp: Es gibt eine einfache und recht handfeste Methode, die Frische einer Languste zu prüfen: Über den Augen hat das Tier ein Paar Hörner, die jeweils ihrer Größe angepasst sind und nicht sofort auffallen. Diese Hörner können Sie zusammendrücken und auf eine Reaktion warten. Zappelt und zuckt die Languste daraufhin sehr lebhaft mit dem Schwanz, so ist sie frisch. Bleiben diese heftigen Reaktionen aus, so zwicken Sie lieber die nächste.

Alle Krustentierarten profitieren vom langsamen Garen bei milder Hitze. So bleibt das Fleisch zart und saftig. Natürlich hat die ge-

Einführung

Langustenkäfige

Meeraals gehört mit zum Besten, was die klaren Gewässer um die Insel Lastovo zu bieten haben. Damit keine Geschmacksstoffe verloren gehen, werden die beim Vorbereiten anfallenden Aalreste ausgekocht.

Nicht viel, aber doch fein: Frittierten Hefeteig, gefüllt oder ungefüllt, findet man in der europäischen Küche eigentlich häufig (z. B. als Krapfen oder Berliner). „Frituli" nennt man diese Spezialität der Insel Lastovo. Idealerweise sind diese Krapfen locker und leicht – so leicht, dass ein Spötter sie einmal als „Nonnenfürzchen" (diesen Begriff kennt man auch in Süddeutschland) bezeichnet hat. Möglicherweise stammt dieser Ausdruck aber bereits aus dem Mittelalter, als diese Süßspeise in den Klosterküchen gebacken wurde.

grillte Languste auch ihren Reiz, jedoch kann man hier mehr schummeln und die „Fangfrische" leichter vertuschen.

Mit zwei Riesenscheren schwer bewaffnet, schleppt sich der Hummer über den Meeresgrund. Kenner bevorzugen Weibchen ab 650 Gramm. Das Geschlecht der Tiere ist nicht schwer erkennbar: Männliche Hummer haben einen eher runderen Leib bei besonders kräftig entwickelten Scheren. Weibliche Tiere verfügen über fast identische Scheren und einen nach unten breit auslaufenden Leib.

Achten Sie stets darauf, welchen Hummer man Ihnen serviert. Tiefkühlware schmeckt nämlich wie Baumwolle. Den besten Hummer gibt es nur im Sommer – und niemals zu Weihnachten! Gerichte mit diesen Meerestieren gewinnen an Aroma durch Würzen mit Meersalz, das den salzigen Eigengeschmack von Fischen, Weich- und Krustentieren besser unterstreicht.

Eine weitere Spezialität: Das feste Fleisch des

Symbole in den Plänen

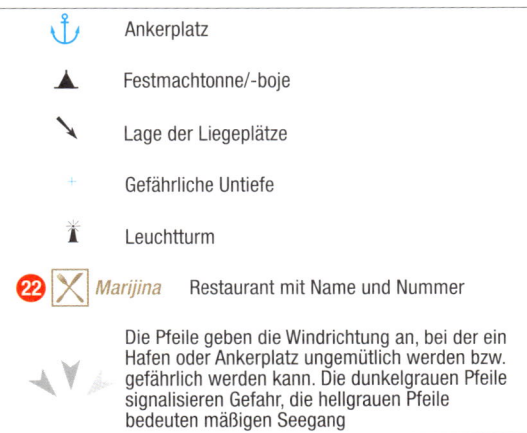

Insel Vis

Vis – Stadtteil Luka
① Konoba **Dorucak kod Tihane**

Vis – Stadtteil Kut
② Restaurant **Pojoda**
③ Restaurant **Val**
④ Konoba **Vatrica**

Komiza
⑤ Konoba **Bako**
⑥ Adria Klub Konoba **Jastozera**
⑦ Riblji Restaurant **Komiza**

Mala Trvana
⑧ Senko Karuza

Stoncica
⑨ Stoncica - Brüder Lincir

Bisevo - Bisevska Luka
⑩ Konoba **Tomic**

Insel Vis

Wenn Ihr ideales Reisegebiet eine Gegend mit viel unberührter Natur sein soll, sind Sie auf Vis genau richtig. Dies gilt auch für die benachbarte kleine Insel Bisevo mit ihren gut erhaltenen Karst-Phänomenen: der Blauen Grotte, der Bärengrotte und der Grünen Grotte (Modra spilja, Medvjeda spilja und Zelena spilja).
Besiedelt wurde Vis (griech. Issa) von den Griechen bereits im 4. Jahrhundert v. Chr. Die Reste des antiken Issa findet man noch heute im Nordwesten der Stadt Vis, nahe des Weilers Gradina.
Die Insel Vis liegt 32 Seemeilen vor dem kroatischen Festland und ist damit die am weitesten vorgelagerte Adriainsel. Ausländer waren bis 1989 von einem Besuch ausgeschlossen. Da es durch das Fehlen von Touristen keine entsprechenden Fremdenverkehrseinnahmen gab, spezialisierte man sich auf die Palmenzucht und exportierte die Pflanzen in alle Welt. Auch heute noch ist die Hafenpromenade von Vis mit Palmen gesäumt.
Die Insel selbst ist reich an Pflanzenwuchs. Neben Lastovo und Mljet ist Vis eine der grünsten Inseln in der Adria. In den Hügeln des zentralen Teils der Insel findet man Ruhe wie kaum an einem anderen Ort. Dies liegt an den Weingärten, den Palmen und Zitrusgewächsen und an der Vielfalt der mediterranen Vegetation. Die nahezu unberührte Natur auf Vis ist auch die

Komiza: Blick auf das Kastell mit Fischereimuseum

Grundlage für ihre Wertschätzung. Es erübrigt sich zu erwähnen, dass dies eine wahre Seltenheit im Mittelmeerraum ist.

Allein über 400 Fischarten soll es hier geben. Aufgrund des übermäßigen – inzwischen durch Gesetze etwas eingeschränkten – Fischfangs wird man die Artenzahl wohl erheblich nach unten revidieren müssen.

Bereits in der Antike waren die Buchten der Insel Vis besiedelt. Im Jahre 1185 wurden die Inseln Brac, Hvar, Vis, Lastovo und Korcula dem Bistum Hvar zugesprochen. In dieser Zeit kamen Mönche vom Benediktinerorden auf die Insel. Klostergründungen erfolgten in Komiza, Vis und Bisevo, und mehrere Kirchen wurden gebaut.

Mit der Zeit entwickelten sich die heutigen Städte Vis und Komiza, die ca. 10 km voneinander entfernt sind. Mit ihren steinernen Straßen und Häusern haben sie sich einen Hauch der Geschichte bewahrt. Dazu gekommen ist nur eine gewisse Geschäftstüchtigkeit und ein Gespür für den heutigen Tourismus. Von der Weltorganisation für Umweltschutz wird Vis zu den zehn am besten bewahrten Mittelmeerinseln gezählt.

Tauchurlauber kommen auf Vis ganz besonders auf ihre Kosten. Verborgene Buchten warten zwischen den Felsen darauf, entdeckt zu werden. Um sie zu finden, braucht man die Hilfe eines guten Führers. Obwohl es bereits professionelle Tauchtouren gibt, kann man sich gegen ein Taschengeld die Führung durch einen freundlichen Fischer sichern.

Ich bin sicher, dass bei der Einfahrt in den malerischen Hafen von Vis kein Crewmitglied auch nur eine Minute unter Deck bleiben möchte. Mir selbst ist noch keine Einfahrt ge-

Blick auf das Benediktinerkloster auf Vis

Typisch Vis: romantische Innenhöfe

Die Fähre der Jadrolinija in Vis

lungen, bei der nicht alle an Bord befindlichen Kameras gesurrt und alle Fotoapparate geklickt hätten. Die Szene wirkt zeitversetzt. Wären da nicht moderne Segelyachten, die hier in Reih und Glied vor Anker liegen, könnte man meinen, einen Zeitsprung um Jahrhunderte zurück gemacht zu haben.

Die besondere geografische Lage macht das etwa 90 km² kleine Vis (Länge 17 km, Breite bis 8 km) zu einer besonders außergewöhnlichen Insel. Schon in der Vergangenheit nutzten Österreicher, Engländer und lange vor ihnen Griechen und Römer die Insel als strategischen Stützpunkt. Von Vis aus ließ es sich bestens beobachten und vor allem kontrollieren, was in der Adria vor sich ging.

Die Insel hat sich bis heute ihre Ruhe bewahrt. Der Reisende empfindet ihr mildes und mediterranes Klima als sehr angenehm. Der höchste Berg Hum (587 m) erhebt sich nahe dem Ort Komiza. Der Ort Vis liegt der dalmatinischen Küste zugewandt und ist der Anziehungspunkt für eher betuchtere Gäste, die Ruhe suchen und sich an der Verschlafenheit des Städtchens erfreuen.

An der Seeseite liegt das alte Fischerdorf Komiza. Hier geht es deutlich lebhafter zu, und hier tummeln sich vor allem junge Besucher an der Uferpromenade. Wenn es so etwas wie Lifestyle auf Vis gibt, dann finden Sie ihn in Komiza.

Das Klima der Insel ist ganzjährig mild (durchschnittliche Jahrestemperatur ca. 17 °C). Selbst im Oktober sollte an schönen Tagen ein Bad in der glasklaren Adria kein Problem sein. Wer Zeit mitbringt, der findet mit Sicherheit seine

„eigene" versteckte und lauschige Badebucht (wenn es gar nicht anders geht, mithilfe eines freundlichen Einheimischen).
Ganz in der Nähe von Komiza befindet sich die berühmte „Tito-Höhle". Marschall Tito organisierte 1944 von hier aus den Widerstand gegen die deutsche Besatzungsmacht.
Vis vorgelagert sind kleine Inselchen, wie z. B. Bisevo westlich vor Komiza mit der bereits erwähnten Blauen Grotte. Die Insel Ravnik im Südosten wartet hingegen mit einer Grünen Grotte auf Ihren Besuch.
Mehrmals täglich gibt es eine Busverbindung zwischen den Hafenstädten Vis und Komiza. Die wichtigste Inselverbindung führt an die Westküste zum Ort Komiza. Durch ein Karsttal mit Weingärten ist es ein etwa 30-minütiger Weg. Mit etwas mehr Zeit ausgestattet, wählt man besser die schönere südliche Route und kann hier einige sehenswerte Plätze genießen. Die Straße führt Sie entlang der Südküste vorbei an einigen wunderschönen Badebuchten, die nur zu Fuß erreichbar sind. Am Fuß des Berges Hum haben Sie einen herrlichen Blick auf das Meer, die Weinfelder und weitere Badebuchten. Serpentinen führen hinunter nach Komiza – ein wahres Kleinod! Das kleine Städtchen liegt in einer Bucht mit Blick auf die vorgelagerte Insel Bisevo. Die Hafenbucht lädt mit zahlreichen Cafés, Restaurants und Konobas zum Verweilen ein; darüber hinaus gibt es viele kleine Geschäfte und Bäckereien.
Mit einigem Erstaunen werden Sie bemerken, dass direkt an der Promenade ein öffentlicher Leseraum zur Verfügung steht. Dieses Relikt stammt noch aus der kommunistischen Ära und diente zum Lesen der offiziellen Parteizeitungen. Oberhalb der Stadt sollte man sich unbedingt das Benediktinerkloster ansehen. Komiza selbst kann auch mit einem kleinen Sandstrand aufwarten. Yachten können an der Innenseite des Wellenbrechers anlegen. Kleinere Yachten

Die Glocken der Kirche in Kut

liegen mit Buganker am Kai NE-lich des Wellenbrechers.
Von hier aus ist es nur eine kurze Strecke bis zur Insel Bisevo, die ein absolutes Highlight birgt – die Blaue Grotte. An der Ostseite der Insel gelegen, ist sie nur per Boot zu erreichen. Da es sich hier um einen Anziehungspunkt besonderer Art handelt, ist die Grotte touristisch gut erschlossen und wird auch stark frequentiert. Unterseeisch eindringende Sonnenstrahlen bringen die Grotte zum Leuchten. Die schönste Badebucht Uvala Salpurana liegt bei Porat. Der Sandstrand ist eine Seltenheit in der Region.
Die Anwesenheit des jugoslawischen Militärs auf der Insel Vis hat die touristische Entwicklung verhindert. Während auf Korcula der Tourismus boomte, blieb Vis für Touristen tabu. Erst in den letzten Jahren regte sich das Inter-

esse für das ehemalige Sperrgebiet. Mittlerweile erkennen die Insulaner, dass ihre jahrelange Isolation aus heutiger Sicht sogar Vorteile hat. Der Fehler einer touristischen Expansion, wie in anderen Gegenden vorexerziert, wird hier nicht begangen. Vielmehr setzt man auf sanften und individuellen Tourismus. Die Anzahl der Hotels ist eher gering, doch gibt es ein ordentliches Angebot an privaten und modernen Appartements für eine oder mehrere Personen.

Der überall existente venezianische Einfluss ist nicht zu übersehen. Ab 1420 gehörte Vis, wie auch weitere Teile Dalmatiens, zu Venedig. Die Venezianer nannten die Insel „Lissa" und übergaben der Stadt Hvar die Verwaltungshoheit. Aus der venezianischen Zeit reihen sich stattliche Häuser an der Palmenpromenade aneinander. Auf der Halbinsel befindet sich das Franziskanerkloster. Dahinter liegt ein größerer Badestrand, der allerdings nur aus Kieselsteinen besteht.

Die Stadt Vis besteht aus den zwei Ortsteilen Luka und Kut, beide verfügen über einen Hafen, der mit Murings, Strom- und Wasseranschluss ausgestattet ist. Im Ortsteil Kut sollte man beim Auswählen der Liegeplätze die nördlich gelegenen vorziehen. An den äußersten südlichen Liegeplätzen mündet ein zeitweise bestialisch stinkendes Abwasserrohr. Im Ortsteil Luka besteht in der Hochsaison überdies die Gefahr, dass die Gastronomiebetriebe in Hafennähe – durch laute Musik – die abendliche Idylle vieler Romantiker etwas beeinträchtigt.

Tipp: Südöstlich von Vis liegt die kleine, unbewohnte Insel Budikovac, vor deren Westufer ein weiteres kleines Eiland liegt. Zwischen diesen beiden Inselchen gibt es eine Ankerbucht, die nur aus Süd angesteuert werden kann. Die

Prächtige Bauten zieren den Ortskai von Vis

Wassertiefen betragen nur zwischen 2–6 m. Dabei hält man sich mehr an Backbord, da an Steuerbord unter Wasser spitze Felsen liegen.
Keinesfalls versäumen sollte man die inseltypischen Genüsse:
Wer einmal im Restaurant „Pojoda" in Vis eine Flasche inseleigenen Rot- oder Weißwein (den hauseigenen „Luc", sprich: Lutz) probiert hat, liebt das Land Kroatien wie die Kroaten.
Eine Viser Spezialität ist auch „Hib", ein hochprozentiges Feigenbrot, angereichert mit Fenchelkraut, Lorbeer und Rosmarin.
Die Brotspezialität „Pogaca" gibt es ausschließlich hier, sie nennt sich, je nach Herkunftsort, „Viska pogaca" oder „Komizka pogaca" und unterscheidet sich in der Form und in der Zusammensetzung der Tomaten-Zwiebel-Salzsardinenfülle.
Bevor wir die Gastronomiebetriebe vorstellen, noch ein kurzer Ausflug zu den Fischern von Komiza.

Das Fischerdorf Komiza an der Westküste von Vis gelegen, ist weithin bekannt dafür, mit besonders tüchtigen und arbeitsamen Fischern aufwarten zu können. Eigens konstruierte, besonders schnelle und widerstandsfähige Fischerboote waren die Basis für die fischfangtechnische Dominanz dieser Fischer. Die Boote wurden bereits ab dem 17. Jahrhundert gebaut und eingesetzt. Bei Dorfregatten landeten Komizer Fischer zumeist auf dem Siegertreppchen und hatten somit Anspruch auf die besten Fischgründe.
Besonders einträglich gestaltete sich der Fang von Sardinen und Hummer. Zu den zufriedenen Abnehmern zählte einst sogar der Kaiserhof in Wien. Angeliefert wurde der frische Fang an den k. u. k.-Marinestützpunkt Lissa.
Heute haben andere Meeresbewohner aus Marktgründen die Sardinen verdrängt: Brassen, Scampis und Tintenfische führen die Hitlisten der Speisekarten in den Restaurants an.

Blick auf den Hafen von Komiza

Die 1890 eröffnete und fast 100 Jahre bestehende Fischfabrik in Komiza existiert jedoch weiterhin. Sie wurde revitalisiert und arbeitet heute als privater Kleinbetrieb.
Als Nicht-Sportschiffer erreichen Sie Vis mit der Autofähre der Linie „Jadrolinija" von Split aus in drei Fahrstunden.
An der Uferpromenade gibt es einige (immer mehr werdende) Fisch-, Obst- und Gemüsestände sowie Einkaufsmöglichkeiten für den täglichen Bedarf.

Konobas und Restaurants

Vis – Stadtteil Luka

Anlegemöglichkeit: Die Einfahrt erfolgt, aus dem Viski Kanal kommend, durch die große Bucht Viska Luka zum Hafen von Vis. Der Stadtteil Luka liegt im Inneren der Bucht am südwestlichen Ufer. 60 Muringliegeplätze mit Strom- und Wasseranschlüssen sind vorhanden. In der Hochsaison wählt der Kundige jedoch den östlich gelegenen Hafen Kut (wird später noch genauer beschrieben). Die Gründe dafür sind dann die möglicherweise starke Überlastung von Luka und der dadurch deutlich höhere touristische Lärmpegel. Sorgen wegen etwaiger Untiefen braucht man als Skipper hier nicht zu haben.
Bei Bora oder Jugo (überwiegend aus östlichen Richtungen) raten wir von einem Einlaufen, das dann zu einem Problem werden könnte, jedoch ab. Bei Jugo ist die Alternative der Hafen von Kut. Die Fähre verursacht darüber hinaus starken Schwell.

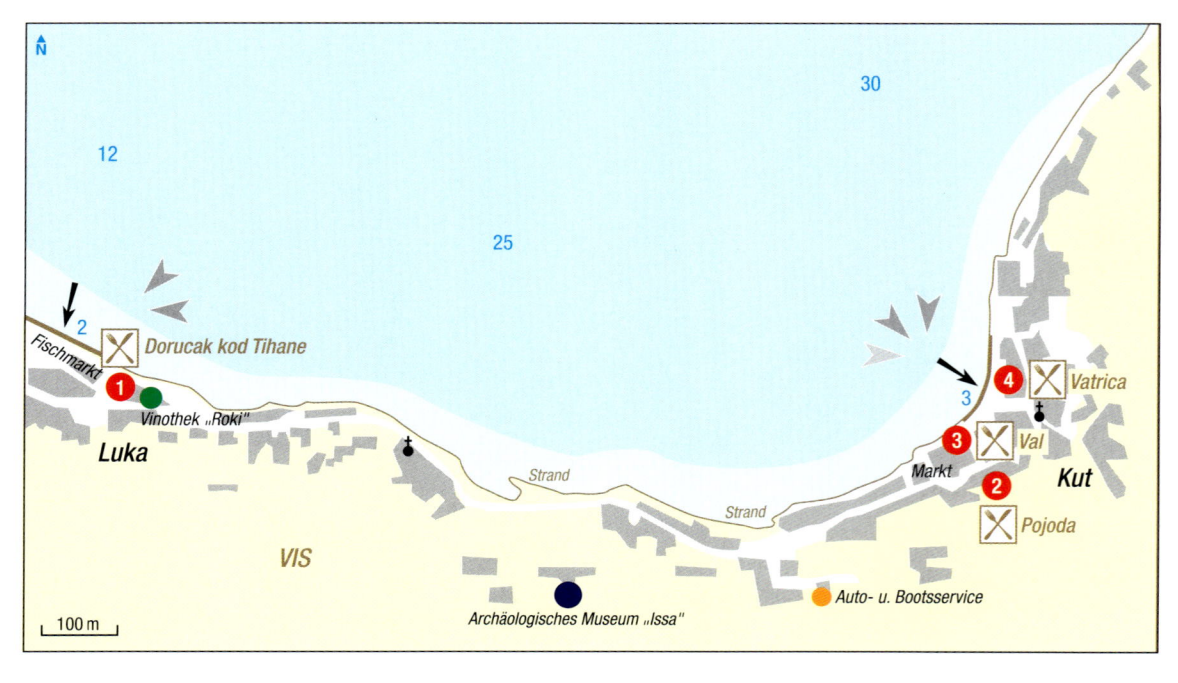

Konoba Dorucak kod Tihane ①
43°04'N 016°12'E
Tel. +385 (0) 21 71 84 72
E-Mail: tomislav.skerbic@zg.htnet.hr
Öffnungszeiten: 0730–1400 und 1730–2400 Uhr

Schönes Ambiente: Dorucak kod Tihane

Mit Aussicht: das Benediktinerkloster in Vis

Ruhig am Ende der Promenade gelegen, mit kleiner Terrasse – ein Bistro im wahrsten Sinn des Wortes. Die Speisenauswahl ist klein gehalten. In der Küche wird die Tradition in den Vordergrund gestellt, und so gibt es auch schon mal köstliche Kutteln.

Die Besitzer dieses neuen Lokals haben ein Faible für moderne Kunst und klassische Musik. Dabei führen sie die familiäre Tradition des ehemaligen Hotels „Tomic" fort. Dieses erste auf Vis eröffnete Restaurant und Hotel bewirtete und beherbergte Reisende bereits 1911.

Vis – Stadtteil Kut

Anlegemöglichkeit: Die Einfahrt erfolgt aus dem Viski Kanal durch die Bucht Viska Luka. Im Inneren der Bucht am südöstlichen Ufer liegt der Stadtteil Kut. 30 Muringliegeplätze mit Strom- und Wasseranschlüssen sind vorhanden. Bei stärkeren Westwinden und Bora ist ein Ausweichen in den Hafen des Stadtteils Luka ratsam. Gefahren wie Untiefen, Leitungen, unreinen Grund etc. kann man hier ausschließen.

Wir erinnern hier nochmals an das Abwasserrohr im südlichen Bereich des Hafens, welches bereits Anlass zur Beschreibung im Allgemeinen Teil war. Verwundert stellen wir fest, dass es den Verantwortlichen bzw. den Offiziellen der Region offenbar nicht gelingt, diesen deutlich wahrnehmbaren Missstand zu beheben.

Restaurant Pojoda ②
43°04'N 016°12'E
Zoran Brajcic
Don Cvjetka Marasovica 8
21480 Vis (Kut)
Tel. +385 (0) 21 71 15 75
Öffnungszeiten: 1. April bis 1. November, 1200–1500 und 1700–0200 Uhr, außerhalb der Saison 1700–2300 Uhr.

Kut im Abendlicht

Hier in Kut gibt es ein Restaurant neben dem anderen mit überwiegend sehr guter Qualität. Wohin soll man sich wenden?
Da gibt es zum Beispiel Zoran Brajcic, einen lebensfrohen Menschen mit einer bewegten Biografie, der leidenschaftlicher Koch wurde und sich hier im Jahre 1998 niederließ. Wie viele Menschen dieser Region entstammt er einer angesehenen Fischerfamilie. Schon sehr früh weihte ihn seine Mutter in die Küchengeheimnisse ein. Da sie eine anerkannt gute Köchin war, ist dabei etwas Gutes herausgekommen. Die Mutter war slowenischer Abstammung und würzte die Speisen daher pikanter als sonst auf der Insel üblich. Das kam und kommt bei den Gästen auch heute noch sehr gut an. So stammen die meisten Rezepturen von ihr, die immer noch leicht abgewandelt verwendet werden. Doch Zoran ist ein Tüftler, dem immer wieder was Neues einfällt.
Ganz köstlich ist eine seiner Marinaden aus Olivenöl und Zitronensaft sowie Kapern. Unbedingt probieren sollte man (falls angeboten) die marinierten Holzmakrelen, die Fischsuppe oder gedünstete Krevetten im eigenen Saft. Ein Gedicht für sich ist der Bonito vom Rost, welcher zuvor zehn Stunden in einer Beize aus Knoblauch und Gewürzen eingelegt und mit einem Gewicht beschwert wird oder die Fischfrikadellen (hier Fischbällchen genannt) mit einer pikanten Würze und Kruste.
Das Ambiente der Gartenterrasse sowie der Gastraum mit der Holzdecke entsprechen den heutigen Ansprüchen, ohne aufdringlich modern zu wirken. Wer hier nicht einkehrt, dem entgeht ein kulinarisches Kleinod, denn das Pojoda kann mit Recht zu einem der besten Restaurants auf der Insel gezählt werden.

Restaurant Val ③
43°04'N 016°12'E
Knego Luce
Don C. Marasovica 1
21480 Vis (Kut)
Tel. +385 (0) 91 50 82 015, +385 (0) 21 711-763
Öffnungszeiten: 1200–1500 und 1800–2400 Uhr.

Insel Vis

Die Terrasse des Restaurants Val: begehrte Plätze mit Blick auf die Bucht von Vis

Hier sitzt man am besten auf der Terrasse unter Palmen mit direktem Blick auf die offene Bucht. Vorzüglich sind die Muscheln in Weißweinsud à la buzara, das ist eine traditionelle Speise der Küstenregion mit Krebsen und Muscheln. Die Speisekarte ist dreisprachig, dafür gibt es nur eine Sorte offenen Wein. Je nachdem, was Poseidon gerade hergibt, werden Steinbrasse, Seebarsch, Drachenkopf, Petersfisch etc. angeboten. Krustentiere werden obligatorisch offeriert.

Wie in vielen Restaurants schon üblich, werden auch hier dem fischverschmähenden Gast Fleischspeisen in vielen Varianten angeboten. Die überaus engagierte Chefin ist sehr bemüht um das Wohl ihrer Gäste. Eine Tischreservierung vor Ort ist aufgrund der wenigen Meter bis zum Hafen zu empfehlen, da es unterschiedlich schöne Plätze im Lokal gibt.

Konoba Vatrica ④
43°05'N 016°13'E
Petar Cvitanovic
Obala kralja P. Kresimira 15
21480 Vis (Kut)
Tel. +385 (0) 21 71 15 74 und (0) 91 59 49 047
Öffnungszeiten: 0900–0200 Uhr, außerhalb der Saison 1800–2400 Uhr.

Die Konoba befindet sich in Kut, dem ältesten Teil der Stadt Vis, und ist östlich davon gelegen.

Direkt vor der Konoba Vatrica: der Hafen von Kut, der jeglichen Komfort bietet.

„Vatrica" (Feuerchen) ist der Spitzname von Petar Cvitanovic, einem Genussmenschen, der stets eine charmante Ruhe ausstrahlt. Er und sein Koch Jozo Pecareviv behaupten sich trotz Konkurrenz mehrerer guter Lokale in ihrer unmittelbaren Umgebung sehr gut.

Zur Einstimmung sind eingelegte Holzmakrelen, ein Tintenfischcocktail oder Brodetto mit Bohnen und Pasta gerade recht. Auch der Langusten-Eintopf schmeckt vorzüglich. Tintenfisch ist übrigens eines der wenigen Meerestiere, das durch Einfrieren keinen Qualitätsverlust erleidet.

Zum großen Teil wird nach alten, überlieferten Rezepturen gekocht. Dadurch werden Unterschiede zu anderen Küchen erklärbar. Früher war Brodetto eher ein Arme-Leute-Essen, bis es sich zu einer Delikatesse entwickelt hat. Wenn es heute der große Drachenkopf oder die Languste sein müssen, die auf den Teller kommen, war es früher der kleine Drachenkopf, der serviert wurde.

Tipp: Langusten-Brodetto mit Makkaroni à la Vatrica! Persönlich bin ich ein wahrhafter Fan dieser „Zwiebelsymphonie", die mir bisher in dieser Form noch nirgendwo in Dalmatien vorgesetzt wurde. Es kann bei diesem Gericht allerdings ohne weiteres passieren, dass man beim Genuss jegliche Selbstdisziplin über den Haufen wirft.

Je nach Fang gibt es Spitzbrassen oder Meeraal. Damit klassische Zubereitungen nicht verloren gehen, sorgt Vatrica rührend dafür, sie zu erhalten. Er war einer der Ersten auf der Insel, der die inseleigenen kulinarischen Vorzüge perfektionierte.

Nach dem Essen sollte man unbedingt einen Spaziergang über die Promenade machen, um den Blick auf die Bucht Sv. Juraj (hl. Georg) nicht zu versäumen.

Komiza

Ansteuerung: Im Nordosten der weiten Bucht Zaljev Komiza liegt das Hafenstädtchen Komiza. In den Hafen gelangen Sie nach dem Passieren des großen Wellenbrechers mit dem Leuchtturm. Der Kopf des Wellenbrechers muss unbedingt mit einem Mindestabstand von 15 m westlich passiert werden, da davor eine Untiefe liegt. Außerdem tummeln sich in diesem Bereich immer zahllose Schwimmer, die man ja auch nicht unbedingt auf dem Gewissen haben möchte.

Anlegemöglichkeit: Am Ortskai (Stadthafen) von Komiza mit 40 Muringliegeplätzen, allesamt mit Strom- und Wasseranschluss. Man kann auch im Hafen ankern, doch liegen hier zumeist sehr viele Fischerboote. Bei starken westlichen Winden steht Schwell bis an den Kai.

Vorsicht: Vor allem in der Nacht können starke Fallböen aus Richtung Nordost und Ost auftreten!

Der Leuchtturm auf Barjak Mali weist den Weg nach Komiza, dahinter die Insel Bisevo.

Insel Vis

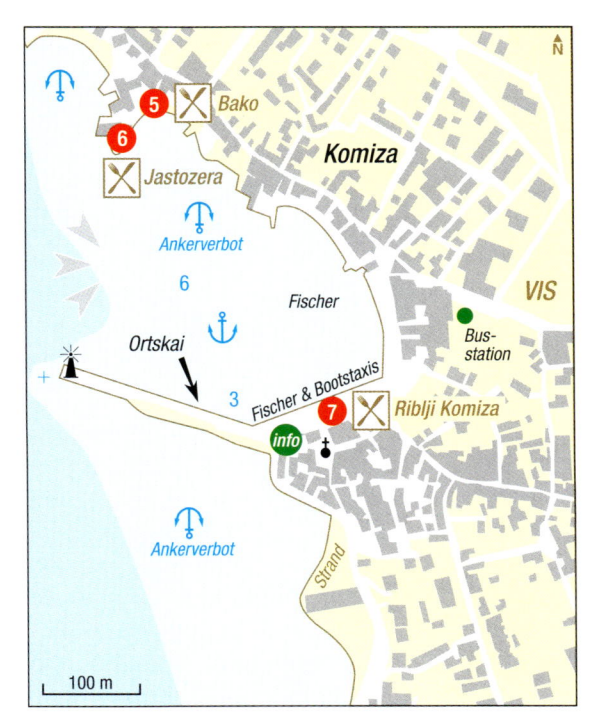

Zusatzinfo: In der Hochsaison hat man nur dann eine Chance auf einen Liegeplatz, wenn man wirklich frühzeitig in Komiza einläuft. Bitte achten Sie besonders auf die rasch abnehmenden Wassertiefen, wenn Sie sich dem Ufer nähern.

Konoba Bako ⑤
43°02,7'N 016°05'E
Gunduliceva 1
21485 Komiza
Tel. +385 (0) 21 71 30 08
E-Mail: katica.borcic@st.htnet.hr
www.konobabako.hr
Öffnungszeiten: durchgehend 1700–2400 Uhr.

Der Innenraum mit dem offenen Grill und Frischwasserbecken für die Krustentiere ist ein Gegenstück zur offenen Terrasse, die direkt am Wasser liegt. Ein schöner Terrassenblick auf Komiza und die Bucht ist gewährleistet, die

Kulinarisches Komiza: links das Jastozera, rechts daneben das Bako

Ausstattung ist rustikal und entspricht einer Konoba. Die Speisekarte ist angenehm überschaubar, und die Fischauswahl dominiert. Zur Einstimmung kommt ein pikanter Brotaufstrich auf den Tisch, eine Mischung aus Kapern, Sardellen und Senf. Die klare Fischsuppe mit Reis enthält neben Fischstücken auch Karottenspäne sowie Petersilie. Sie ist, wie so ein Gericht sein soll: würzig mit einem Hauch von Meer, aber nicht überwürzt – ebenso die Spaghetti mit ausgelösten Scampi.

Tipp: Man kann natürlich telefonisch reservieren, muss dann aber den vom Wirt zugeteilten Tisch akzeptieren. Die bessere Lösung, um den schönsten Tisch zu erhalten, erreichen Sie, wenn Sie ein Crewmitglied vorausschicken, um ihn persönlich auszusuchen. Da dies aber mit einem ganz schönen Marsch verbunden ist, sollte man sich genau überlegen, wen man dafür auswählt. Zum Trost kann sich der Proband auf dem beschwerlichen Anstieg bei zwei Eisständen am Wegrand an wirklich erfrischend köstlichem Eis in Tüten (Stanitzel) laben.

Adria Klub Konoba Jastozera ⑥
43°02,7'N 016°05'E
Gunduliceva
21485 Komiza
www.jastozera.com

Im Jastozera hat man einen schönen Blick über den Hafen von Komiza.

Wir beginnen mit einem kleinen Ausflug in die Geschichte des Hauses. Die Anfänge des „Jastozera" datieren aus dem Jahr 1883. Während der k. u. k.-Monarchie Österreich-Ungarn hatte ein italienischer Zöllner namens Balico hier seinen Dienst ausgeübt und beschlossen, das „Jastozera" zu errichten, um darin Langusten zu züchten. So richtig konnte er jedoch „Mein" und „Dein" nicht unterscheiden, veruntreute Staatsgelder und wurde – was kommen musste – verhaftet. So ist das „Jastozera" Eigentum von Ivan Marinkovic geworden, der damals einer der bekanntesten Baumeister war und den Leuchtturm auf der Insel Palagruza errichtet hatte. Marinkovic führte damals die Bauarbeiten am „Jastozera" aus und nutzte später die Gelegenheit, um das Gebäude anlässlich einer Versteigerung zu erwerben.

Heute ist der Adria Klub Konoba Jastozera eine traditionelle Konoba, die vor allem berühmt für die Langusten-Zubereitung ist – nicht preiswert und trotzdem sehr beliebt. Das Anwesen ist eher klein und hat einen schönen Blick auf die Bucht. Man sitzt quasi im Meer auf einem überdachten Holzsteg in einem großartigen Ambiente. Ein bisschen könnte Walt Disney hier Regie geführt haben. Ansatzweise verspürt jedoch der Gast, dass man hier etwas verkrampft versucht, ein Nobellokal zu sein.

Riblji Restaurant Komiza ⑦
43°02,7'N 016°05'E
Tel. +385 (0) 21 713-302 oder Fax +385 (0) 21 713-098
E-Mail: modra.spilja@st.t-com.hr
Öffnungszeiten: ganzjährig 1100–2400 Uhr.

Dieses Restaurant mit großer Terrasse liegt im Süden der Hafenbucht direkt an der Promenade mit schönem Rundblick über die Bucht. Die Gerichte sind klassisch und leicht italienisch (Pasta) angehaucht. So fallen die Fischsuppe und das Spaghetti-Muschel-Gericht geschmacklich besonders positiv auf. Das Fischangebot, wie etwa Zahnbrasse, Makrele, Gestreifter Seehahn, variiert je nach Fang. Die Qualität ist in Ordnung, die Preise sind moderat. Nicht vergessen sollte man den würzigen Trappistenkäse.

Hinweis: In der Hochsaison gibt es ein buntes und vor allem reges Nachtleben auf der Promenade.

Bucht Mala Travna

Ansteuerung: Die Bucht öffnet sich an der Südküste von Vis, südlich der Ortschaft Marinje Zemlje. Ruhige See ist eine Voraussetzung dafür, um diese sehr romantisch gelegene Bucht anzulaufen. Der hier vorherrschende Felsgrund setzt etwas Geschick im Umgang mit dem Anker voraus. Da es an dieser exponierten Küste weder Befeuerung noch Fluchthäfen gibt, rate ich, hier nur bei stabiler Wetterlage zu übernachten.
Anlegemöglichkeit: Ankermöglichkeiten auf 6–10 m Wassertiefe gibt es in der Bucht oder an den zwei Bojen.
Tipp: Bei Jugo oder zuweilen nachts müssen Sie mit gefährlich hohem Seegang rechnen. Sollte Ihnen das Windabenteuer zu mulmig sein, ist es besser, von Vis oder Komiza mit einem Leihwagen oder Taxi herzukommen.
Zusatzinfo: Der letzte Abstieg zu Senkos Konoba ist leider steinig. Belohnt werden Sie jedoch mit einem lange in Erinnerung bleibenden gastronomischen Erlebnis.

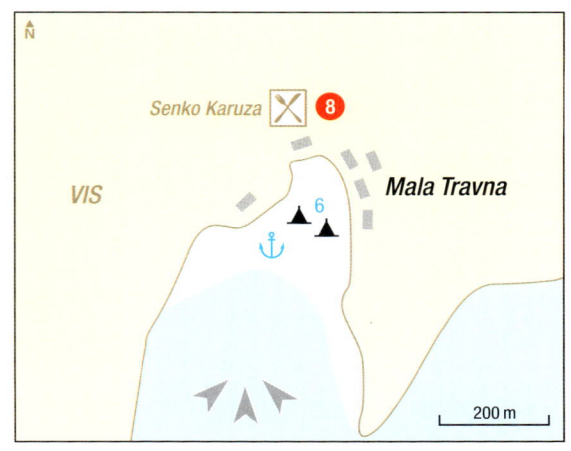

Das Riblji Restaurant Komiza befindet sich direkt an der belebten Promenade am Kastell.

Senko Karuza ⑧
43°01'N 016°11'E
Mala Travna-Bucht
Pape Aleksandra III
21485 Komiza
Tel. +385 (0) 99 52 58 03
Öffnungszeiten: 1. Mai bis 1. November, tägl. 1000–2400 Uhr, außerhalb der Saison nach Absprache.

Auf der Südseite der Insel – quasi auf halber Strecke zwischen Vis und Komiza – lebt Senko Karuza, Schriftsteller, Gastrosoph, Fischer und Gourmet mit seiner Frau Melita Mardesic.
Leider muss man erst die Gunst dieses Gastronomen erlangen, um an das ganze Repertoire seiner Kochkünste und Delikatessen heranzukommen, und nicht jedem wurde dieses Glück auch in vollem Umfang zuteil.
Als Ouvertüre vor einem lukullischen Reigen an regionalen und vor allem saisonfrischen Gerichten werden eingelegtes Seegras, Salzsardellen oder getrocknete Tomaten serviert. Der im hauseigenen Olivenöl marinierte Käse ist ein Geheimtipp zum exzellenten Rotwein.
Senko ist ein Künstler im Umgang mit der Natur, und die frischen Erzeugnisse der jeweiligen Jahreszeit genießen in diesem Restaurant den absoluten Vorrang. Die verwendeten Gewürze und Kräuter wachsen fast alle unmittelbar vor seiner Haustür. Als Gast des Hauses und Genießer dieser damit zubereiteten Gerichte spürt man nicht nur die Frische der Zutaten, sondern auch den Lauf der Jahreszeiten.
Die Grundlagen für die Zubereitung der Speisen sind alte überlieferte Rezepte, die auf dieser Insel über lange Zeiten innerhalb der Familien weitergegeben wurden. Es gibt jedoch nur noch wenige Köche in dieser Region, die den Traditionen tatsächlich auch folgen. Mit Fug und Recht kann man dieses Restaurant als positive Ausnahme nennen. Die Philosophie hier ist die Rückbesinnung auf das Ursprüngliche, ohne moderne Erkenntnisse zu negieren sowie eine rigorose Absage an den Massentourismus und die Massenproduktion von Lebensmitteln. Neben der Küche schenkt Senko auch seinem kleinen Weingarten („Bugava", „Plavac" und andere heimische Sorten) größte Aufmerksamkeit. Das kann man vor Ort auch wahrhaftig schmecken!
Es ist fürwahr ein Unterschied, ob die Glut von Holzkohle, Rebzweigen oder Stechpalmen stammt! Dies soll als Beispiel dafür dienen, wie man hier, verglichen mit ähnlichen Angeboten, noch zusätzliche Qualitätskriterien schafft. Der gleiche Maßstab wird auch bei der Wahl des Olivenöls angelegt.
Der Viperfisch ist eine besondere Spezialität des Hauses. Der Grund, dieses Gericht besonders zu erwähnen, ist eigentlich die Auswahl der Beilage. Diese wird aus wild gewachsenem Kraut, Mohnblättern und Rebentrieben zube-

Senko Karuza bereitet seine Speisen nach alten überlieferten Rezepten zu.

Insel Vis

Bei Senko muss man sich für die kulinarischen Kreationen Zeit nehmen.

reitet und ergänzt den über Holzkohlenglut gebratenen Fisch in hervorragender Weise. Allein schon wegen des Aromas wird sich ihr Gaumen auch noch lange an die Fischsuppe mit Bohnen- und Nudeleinlage erinnern.

Seit der Antike wird auf Vis Fladenbrot zubereitet. Erstaunlicherweise hat sich dabei die Rezeptur kaum verändert. Auf den Tisch kommt es immer mit Salzsardellen. Auf Wunsch kann man jedoch auch gedünstete Tomaten dazu genießen, und der Philosophie des Hauses entsprechend stammen diese Tomaten von einer ungekreuzten Sorte aus einem verwilderten Garten.

Bucht Stoncica

Ansteuerung: Die Bucht öffnet sich am Nordostufer der Insel und ist kinderleicht anzusteuern. Der gleichnamige Leuchtturm weist auch dem Ortsunkundigen sicher den Weg in die gut geschützte Bucht.

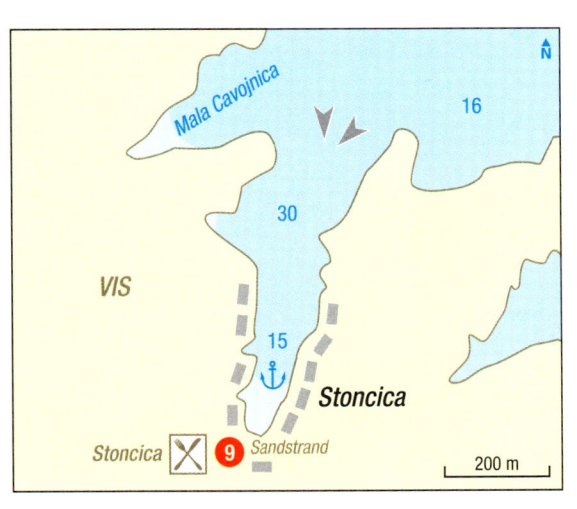

Anlegemöglichkeit: Bis auf ca. 15 Meter Wassertiefe ist das Ankern auf Sandgrund möglich. Dann wird es jedoch zum Sandstrand hin sehr rasch flach.

Tipp: Bei starker Bora ist es ratsamer, im Seitenarm Mala Cavojnica vor der westlichen Landzunge zu ankern.

Stoncica ⑨

43°04'N 016°14,5'E
Familie Lincir
Stoncica 1
21480 Vis
Tel. +385 (0) 21 71 16 69, (0) 21 71 19 52 oder (0) 98 28 66 38

Öffnungszeiten: 15. April bis 1. November, 0000–2400 Uhr, außerhalb der Saison nach Absprache.

Eine Oase der Abgeschiedenheit, der Ruhe und kulinarischer Genüsse: links und rechts Wälder und in der Mitte die Bucht mit einem schönen Sandstrand. An der Ostküste steht einer der höchsten Leuchttürme an der Adria. Nur wenige Meter vom Strand entfernt befindet sich das Restaurant mit großer, begrünter Terrasse. Die meisten Produkte, die in der Küche verarbeitet werden, erzeugen die vier Brüder Toni, Mario, Pave und Tripo selbst. Eine eigene Landwirtschaft, Fischfang, Ziegen- und Hühnerfarm stehen zur Verfügung. Die Speisen sind allesamt besonders empfehlenswert. Egal ob es Brodetto oder Grillspeisen (wie Zicklein oder Lamm) sind. Serviert werden auch Ziegenfleisch unter der Tonglocke und gegrillte Tomaten aus eigenem Anbau. Wenn man Glück hat, gibt es gerade Kaldaunen von Lamm oder Zicklein.

Auch der Wein wird hier selbst produziert. Erwähnenswert ist der Prosek (Sherrywein) als eine besondere Spezialität. Die Trauben der Plavac mali-Reben werden erst gelesen, wenn die Beeren rosinenartig eingeschrumpft sind.

Hinweis: Diese Konoba ist auch auf dem Landweg erreichbar (leider gibt es keine Busverbindung), wobei man das letzte steinige Stück zu Fuß bewältigen muss.

Insel Bisevo

Bucht Bisevska Luka

Ansteuerung: An der Westseite der Insel liegt die leicht einsehbare Bucht, die bei stärkeren Westwinden aber auch ihre Tücken haben kann.

Die Brüder Lincir bürgen für großartige Gastlichkeit.

Erlesene Fischgerichte vor regem Strandleben

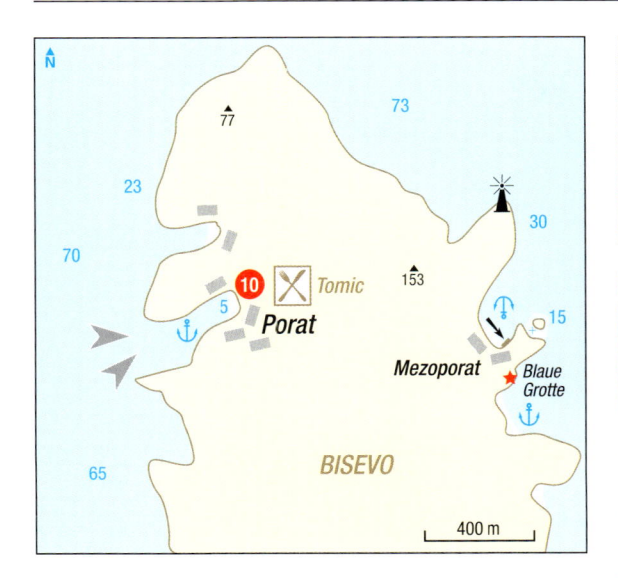

Anlegemöglichkeit: Im Hafen von Bisevo bzw. Porat auf 5 bis 10 m Wassertiefe. Der Kai wird vom Fährschiff angelaufen. Bei Wassertiefen ab 2,5 m darf man anlegen, aber nur, wenn die Fähre nicht da ist.

Die kleine Insel selbst hat aber sehr wohl einiges zu bieten. Ein Muss ist die berühmte Blaue Grotte (Modra Spilja), die nur auf dem Seeweg zu erreichen ist und die im Westen gelegene Bucht Salbunara, die mindestens ebenso schön ist wie jene von Porat.

Hinweis: Auch bei Windstille kann man zuweilen Dünung verspüren.

Konoba Tomic ⑩

42°58,8'N 016°00'E
Veljko Tomic
Tel. +385 (0) 98 55 44 13
Öffnungszeiten: 0900–0100 Uhr.

Nach dem Tod von Srecko Tomic übernahmen seine beiden Söhne Veljko und Kresimir die Konoba. Die besten Plätze befinden sich auf der Terrasse, die einen schönen Blick über die Bucht und den Strand bietet (ca. 10 Tische vorhanden). Große, ausgeklügelte Küche darf man hier nicht erwarten, Spitzenköche und -personal ebenso wenig.

„Pflichtspeise" bei Tomic ist der Hummer (à la Tomic). Die meisten Fischgerichte werden hier gegrillt. Die hiesigen Fischgründe ermöglichen ein gutes Angebot an Meeresbewohnern wie Priesterfische, Seebarben oder Drachenköpfe. Ein kulinarisches Highlight ist der Brodetto.

Hinweis: Wenn Sie keinen Fisch mögen, können Sie vor Ort leider nicht satt werden. Fleischgerichte werden hier grundsätzlich nicht angeboten. Vielleicht wird 2006 den Wünschen vieler Gäste Rechnung getragen und das Angebot durch Fleischspeisen etwas erweitert.

Seit vielen Jahren besuchen übrigens kundige Italiener mit viel Adria-Erfahrung diese Konoba – was ein gutes Zeichen ist. In letzter Zeit gesellen sich immer mehr „neureiche" Russen hinzu, die sich, unter dem Einfluss von Alkohol, nicht immer der Stille und Idylle der Insel unterordnen können.

Fremdsprachen werden hier nicht gesprochen. Oftmals sind Zeichen, Gesten und pantomimische Verrenkungen der wirkungsvollste Weg, sich zu verständigen.

Dalmatien – Vis, Lastovo und Mljet

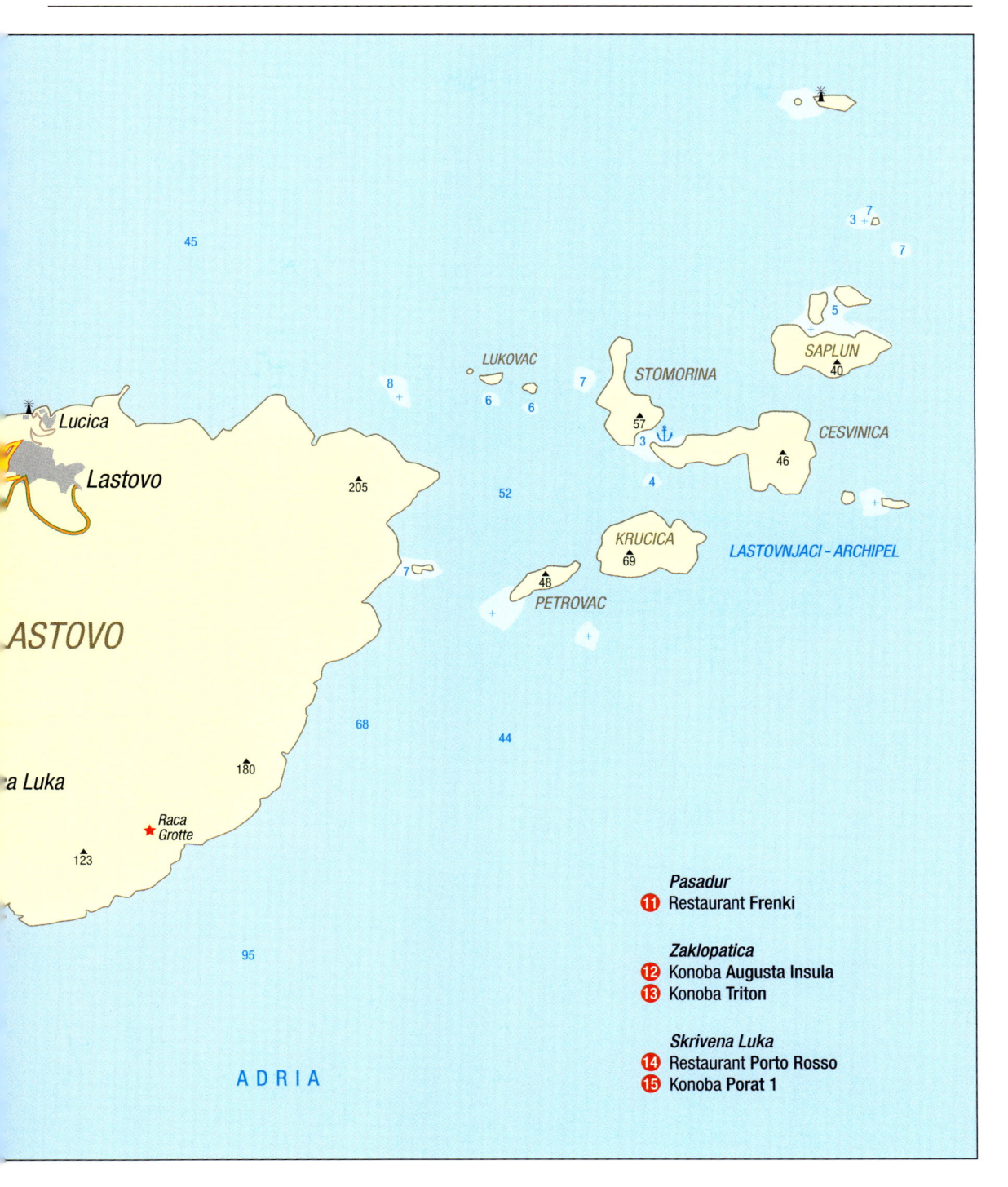

Insel Lastovo

Pasadur
- ⑪ Restaurant **Frenki**

Zaklopatica
- ⑫ Konoba **Augusta Insula**
- ⑬ Konoba **Triton**

Skrivena Luka
- ⑭ Restaurant **Porto Rosso**
- ⑮ Konoba **Porat 1**

Insel Lastovo

Unter dem Namen „Ladesta" wird die Insel im 4. Jahrhundert v. Chr. erstmalig erwähnt. Die Griechen waren es, die in dieser Zeit die Adria kolonisierten. Die Römer nannten die Insel dann „Augusta Insula" – „kaiserliche Insel" – nach Kaiser Augustus, den das milde Klima begeisterte. Ab dem 10. Jahrhundert erhielt sie den Namen Lastovo, unter dem wir sie bis heute kennen.

Die Venezianer waren es, die den Ort Lastovo ab dem 11. Jahrhundert besiedelten. Noch heute feiert man den (venezianischen?) Karneval (Beginn am 6. Januar). Der eigentliche Grund ist das Gedenkfest „Poklad" und die Danksagung an den heiligen Jure. Der Überlieferung nach hat dieser bei der Verteidigung der Insel vor hartnäckigen Piraten geholfen. Sichtbarer Ausdruck dieser Kultur- und Traditionspflege sind schöne Umzüge in den typischen Trachten. Die zweifelsfrei vorhandene Frömmigkeit der Einwohner erkennt man an den knapp 50 Kapellen und insgesamt 30 Kirchen, die man noch heute besuchen kann.

Seit 1989 ist die Insel wieder für Ausländer geöffnet. Vorher war sie militärisches Sperrgebiet. Mit ihren 44 vorgelagerten, unbewohnten

Lastovo – der Hauptort der Insel thront hoch über dem Meer.

Inselchen und vielen geschützten Buchten hat sie sich zu einem beliebten Ziel für Skipper entwickelt.

In der Vergangenheit wurde hier Korallenabbau betrieben. Heute hat dieser keine Bedeutung mehr. Lastovo ist für Dalmatien das „letzte Ende der bewohnten Welt". Durch ihre Abgeschiedenheit hat sich die Insel jedoch ihre Ursprünglichkeit bewahrt. Grüne Wälder und vor allem bebaute Felder lassen vermuten, dass es sich hierbei um eine wasserreiche Gegend handelt. Verblüfft ist man aber, wenn man erfährt, dass auf der ganzen Insel keine einzige Quelle zu finden ist. Trinkwasser gibt es nur im Prgovo-Feld. Die wenigen Bewohner leben von der Landwirtschaft, dem Fischfang und eher bescheiden vom Tourismus.

Routentipp: Ein besonderes Highlight ist es, zwischen den Inseln Prezba, Mrcara und Vlasnik hindurchzufahren, um in den Velji Lago (großer See) auf Lastovo zu gelangen. Diesen „Umweg" sollte man auch dann unbedingt machen, wenn man, von Westen kommend, nach Zaklopatica unterwegs ist oder dieser Ausflug nicht auf der ursprünglich gewählten Route liegt.

Die ehemaligen Marinebunker werden gerne zum Anlegen genutzt, da sie ideal als Schattenspender dienen. Ein Gang in den Bunker sollte man unterlassen, da man hier mit Ratten konfrontiert wird, was dann sehr leicht mit hysterischen Crewmitgliedern enden kann.

Ruhig belassene Ankerplätze finden Sie in der Bucht von Borova im Norden der benachbarten Insel Prezba auf ca. 5 m Wassertiefe. Einen traumhaften Ankerplatz gibt es zwischen den Inseln Stomorina und Cesvinica auf 3 m Wassertiefe nordöstlich von Lastovo. Das Inselchen Saplun hat einen Sandstrand.

Lastovo wurde 2005 zum Nationalpark erklärt, was bedauerlicherweise mit Gebühren und Preissteigerungen einhergegangen ist. Auch

Konobas: kleine Restaurants – gute Qualität

gibt es immer wieder Gerüchte über den Bau einer Marina in Jurjeva Luka. Bislang ist aber von Bautätigkeiten noch weit und breit nichts zu sehen. Liegeplätze sollen ebenfalls in Malo gebaut werden – 2005 waren noch keine vorhanden, ein kurzer Besuch in der Saison 2006 könnte sich daher lohnen, denn diese Liegeplätze wären eine große Bereicherung.

Die Insel Lastovo gehört zum süddalmatinischen Archipel, 13 km südlich der Insel Korcula gelegen, von der sie durch den Lastovo-Kanal (Lastovski kanal) getrennt wird; sie hat eine Fläche von 40,9 km^2 (Länge 9,8 km, Breite bis 5,8 km).

Viele Völkerscharen kamen hierher und gingen wieder, darunter Illyrer, Griechen, Römer, Venezianer, Türken und Serben. Ihr Erbe ist in Land und Leute eingeflossen. Dem aufmerksamen Beobachter wird dies nicht entgehen und viel zum positiven Empfinden für diese Region beitragen.

Zwischen den vielen Hügeln der Insel (der höchste ist Hum, 417 Meter) breiten sich Karsttäler und Felder aus. An der Südküste befindet sich eine weite und tiefe Bucht. Am östlichen Ende der Bucht liegt Skrivena Luka mit einem

Dalmatien – Vis, Lastovo und Mljet

Der Leuchtturm Struga weist an der Südküste von Lastovo den Weg.

flachen und sandigen Ufer. Eingerahmt von der Westküste von Lastovo und der Ostküste der kleinen Insel Prezba befinden sich die malerischen Buchten Velji Lago (südlich) und Mali Lago (nördlich). Der schmale Küstengürtel besteht überwiegend aus Fels(Karst-)gestein, während das Innere der Insel mit Kiefern und Macchia bewachsen ist.

Der Hauptort der Insel heißt ebenfalls Lastovo, liegt im Nordteil und ist über eine Landstraße mit der Ortschaft Ubli (Südwestküste) verbunden. In Richtung Süden verläuft eine weitere und bei weitem schlechtere Straße nach Skrivena Luka.

Das Städtchen Lastovo ist terrassenförmig auf einem 86 m hohen Hügel angelegt und hat sich seinen urtümlichen Charakter erhalten. Die Natursteinhäuser der Siedlung kleben förmlich am Berg. Proviant kann man in einem kleinen Laden an der Hauptstraße kaufen.

Oberhalb von Lastovo befindet sich eine Wetterstation, von der sich ein herrlicher Blick auf den Ostteil der Insel und auf das Archipel Las-

Vom Hotelhafen Pasador hat man einen Blick über den Velji Lago zum Marinebunker.

tovci und die Nachbarinsel Korcula bietet. Die Ortschaft selbst dehnt sich auch oberhalb der Küste im Nordostteil der namensgebenden Insel aus.

Die Bootsanlegestelle befindet sich in der kleinen, seichten und nur vor Südwind geschützten Bucht Sveti Mihajlo.

An der Nordküste der Insel liegt Luka Zaklopatica, eine sehr grüne Bucht. Die Stadt Lastovo ist nur 2 km davon entfernt, der Fährhafen Ubli 7 km. Sonne und smaragdgrünes Meer in einem Paradies für Sporttaucher und Segler erwartet Sie hier: Natur pur – es wurden bislang nur fünfzehn Häuser errichtet. Doch wird in naher Zukunft eine stärkere bauliche Entwicklung zu erwarten sein.

Von der Insel bestehen Fährverbindungen nach Split, Vela Luka und Hvar.

Insel Lastovo

Zum Lastovo-Archipel zählen 46 Inselchen und Riffe. Die Inseln und Nebeninseln sind Lebensräume von endemischen und seltenen Pflanzen- und Tierarten. Außerdem finden Sie hier zahlreiche kulturelle, sakrale und historisch bedeutsame architektonische Werke. Viele archäologische Fundstellen sowie ein gepflegtes traditionelles Erbe ergänzen das Bild. Am Schönsten ist es, bei den Rutvenja-Inselchen vor der Nordküste der westlich vorgelagerten Insel Mrcara Halt zu machen. Egal, ob für ein Mittagsschläfchen oder einfach zum Relaxen: Diese Kleininseln bieten Ihnen einen guten Schutz vor dem am Nachmittag oft unangenehm wehenden Maestral.

Im Westen liegen die kleinen Inseln Mrcara und Prezba, die Letztgenannte ist über einen Damm mit Lastovo verbunden und zum Greifen nah. Beide bieten einsame Buchten, Prezba die zwei bereits erwähnten Marinebunker.

Lastovo ist eine charakteristische mediterrane Insel mit regenreichen, warmen Wintern und lang anhaltenden, trockenen und sonnigen Sommern. Besonders erwähnenswert ist das saubere Meer mit seinem Hummer- und Langustenreichtum. Der Fischbestand in diesem Teil der Adria ist nicht wie in anderen Meeren schwer angegriffen, sondern reichlich und gesund.

Grün ist die Insel nicht nur wegen der Wälder, sondern auch wegen der zahlreichen Weingärten, Oliven- und Obsthaine. Von der Südseite her wirkt die Insel rauer, da sich hier stets mächtige Wellen brechen.

Nicht nur zu Wasser, sondern auch zu Lande hat Lastovo einiges zu bieten. Für Höhlenforscher und solche, die es noch werden wollen, gibt es die Raca. Sie ist die größte der öffentlich zugänglichen Höhlen und liegt südlich von Skrivena Luka.

Hinweis: Viele Geschäfte haben am Nachmittag geschlossen. Ihr Plastikgeld (Visa, Amex, Eurocard etc.) können Sie im Schiffssafe lassen: Geldautomaten gibt es nämlich auf der ganzen Insel nicht.

Nützliche Adressen

Lastovo Tourismuscenter
Tel./Fax +385 (0) 20 80 10 18
E-Mail: tz-lastovo@du.htnet.hr
www.lastovo-tz.net

Diving paradise
Ronilacki Raj
Uvala Pasadur
Tel./Fax +385 (0) 20 80 51 79
E-Mail: Info@diving-paradise.net
www.diving-paradise.net

Konobas und Restaurants

Bucht Velji Lago – Ort Pasadur

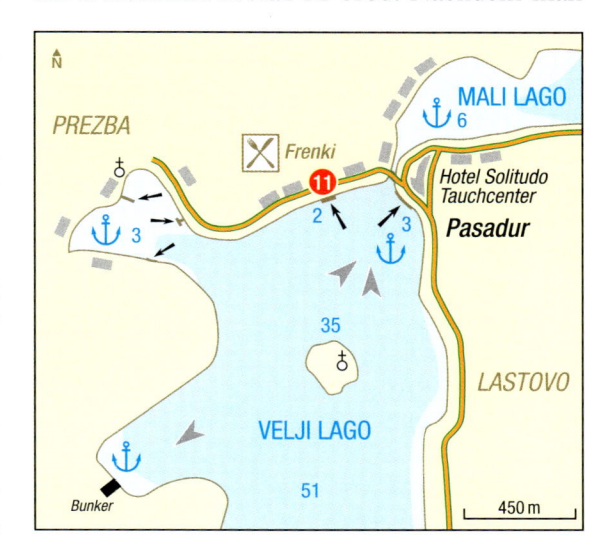

Ansteuerung: Aus Norden kommend, benutzt man zwischen den Inseln Mrcara und Prezba die Durchfahrt Prolaz M brod. Nachdem man die Insel Vlasnik westlich umrundet hat, kann man mit direktem E-Kurs in den Velji Lago einsteuern, den man nach dem Passieren des Leuchtfeuers Rt Kremena erreicht hat. Aus Westen kommend, durchsteuert man die Passage zwischen den Inselchen Vlasnik in Nord und Brastin in Süd mit E-Kurs.

Anlegemöglichkeiten: Am Nordufer dieser Bucht erwartet Sie der Hafen von Pasadur mit 30 Muringliegeplätzen, die alle mit Strom- und Wasseranschlüssen ausgestattet sind.
Einfahrts- bzw. Liegeprobleme sind uns noch nicht zu Ohren gekommen.
Bei starken Winden aus Süd und West kann hier aber unangenehmer Schwell stehen.
Pasadur liegt auf der westlichen Seite von Lastovo, 3 km nördlich vom Fährhafen Ubli, über den Lastovo ganzjährig durch Fähren und Katamarane mit dem Festland und den nahe gelegenen Inseln verbunden ist.
In Pasadur gibt es Beherbergungsmöglichkeiten sowohl in Privatzimmern als auch in privaten Ferienwohnungen. Hier finden Sie auch das Hotel Solitudo (was soviel wie Einsamkeit bedeutet), Tel. +385 (0) 20 802 100. Nomen est Omen: Der Hotelname spiegelt schon mit einem Wort das ganze Ambiente der Insel wieder. Das Hotel liegt mitten in einem Kiefernwald, 10 m vom Meer entfernt. Ein Tauchzentrum im Bootshafen ist angegliedert.

Restaurant Frenki ⑪
42°45'N 016°49'E
Tel. +385 (0) 20 805 091
Öffnungszeiten: Der Betreiber ist der Meinung, ein Abendlokal zu führen. Was und wann aber in den Empfindungen von Frenki als Abend gilt, ist dalmatinische Auslegungssache.
Daher empfiehlt es sich, vor einem Besuch unbedingt das Telefon zu benutzen, um sich die eine oder andere Überraschung zu ersparen.

Die Konoba Frenki bietet Muringliegeplätze direkt vor dem Lokal.

Vor dem Lokal gibt es zwei Muringliegeplätze oder man nutzt den nahen Hafen von Pasadur – wie oben bereits beschrieben.
„Zwei Seelen wohnen ach in meiner Brust"! Frenki ist ein gastronomischer Problemfall. An und für sich habe ich noch nie ein Lokal ein zweites Mal aufgesucht, wenn ich dort einmal eine „gastronomische Niederlage" einstecken musste.
Im Restaurant Frenki wird einem aber offensichtlich eine süchtig machende Droge ins Getränk gemischt. Ich selbst gebe ihm immer wieder eine neue Chance. Überwiegend komme ich dabei in den Genuss eines Abendessens von Weltklasse, und Frenki hat das Gemüt eines Spitzensportlers: Entweder steht er jubelnd als Sieger auf dem Podest oder er bekommt nur die rote Laterne.
Wie ein Psychologe versuche ich beim Betreten des Restaurants herauszubekommen, ob die Tagesverfassung des Chefs „top oder flop" ist – diskutieren kann man darüber leider immer nur im Nachhinein.

Der Umfang der Speisekarte ist nicht sehr groß, aber an den restauranttechnischen Spitzentagen des Chefs ein sicheres Highlight Ihres Urlaubs.

Bucht Zaklopatica

Ansteuerung: Von Norden kommend, verdeckt das kleine vorgelagerte Inselchen Zaklopatica die Gesamtsicht auf den Ort. Für die Einfahrt benutzt man die Ostpassage, da auf der anderen Seite Untiefen lauern.

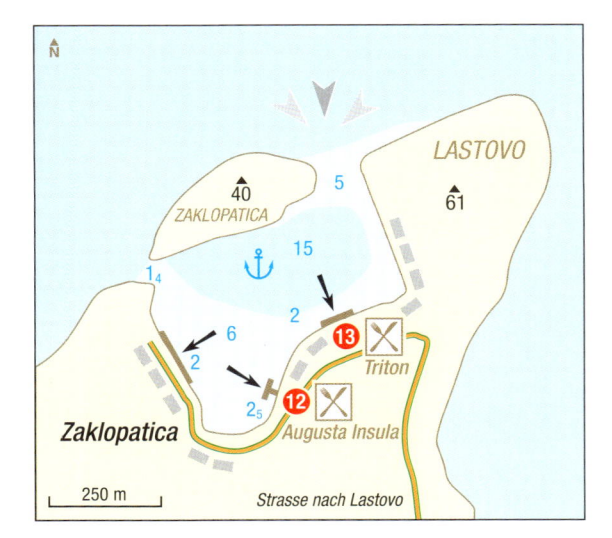

Die Bucht ist gerade durch dieses Inselchen besonders gut geschützt. Bei starker Bora müssen Sie aber auch hier mit Schwell rechnen.

Anlegemöglichkeit: Um die zehn Muringliegeplätze vor beiden Lokalen (3 m Wassertiefe) mit allen erforderlichen Anschlüssen, doch nicht jeder Muringplatz verdient auch seinen Namen. Am Westufer befindet sich ein weiterer Kai mit Muringliegeplätzen (2 m Wassertiefe) bzw. Ankermöglichkeiten auf ca. 15 m in der Mitte der Bucht.

Konoba Augusta Insula ⑫
42°46,4'N 016°52,5'E
Vanja & Luka Jurica
Zaklopatica
20290 Lastovo
Tel. +385 (0) 20 80 11 22 oder
+385 (0) 20 80 11 67
E-Mail: vanja@du.t-com.hr oder
ljurica@acmt.hr, www.lastovo.net

Sehr beliebt: die lauschige, windgeschützte Terrasse der Konoba Augusta Insula

Abendstimmung am Steg der Konoba Augusta Insula

Anleger gibt es wie schon unter „Bucht Zaklopatica" beschrieben.

Wenn man es sich als Gastronom leisten kann, gänzlich auf eine Speisekarte zu verzichten, ist man entweder direkt auf dem Weg in die Insolvenz oder ein Spitzenwirt, dem die Frische der Waren allemal lieber ist als das tägliche Umschreiben der Menükarte.

Neben dem Klassiker Languste werden hier auch Fleischgerichte (Lamm) angeboten. Das Ambiente ist angenehm schlicht gehalten. Erwähnenswert ist die ehrliche Freundlichkeit des Personals. Anlässlich eines Besuches ist uns einmal zu unserem Fisch der Mangold ausgegangen. Da er nicht mehr verfügbar war, servierte man uns unaufgefordert und aufpreisfrei einen herrlichen Melanzaniauflauf (Auberginenauflauf).

Noch lange nachher wird Ihnen – bei dem Gedanken an das sensationelle Tunfisch-Carpaccio – das Wasser im Mund zusammen laufen. Das Haus ist eine gute Alternative zur Konoba Triton.

Konoba Triton ⑬
42°46,4'N 016°52,5'E
Tonci Jurica Gango
20290 Lastovo
Tel. +385 (0) 20 80 11 61, (0) 99 50 37 35 und (0) 98 17 78 065
Öffnungszeiten: 1700–2400 Uhr.
Tipp: Fünf Ferienwohnungen stehen zur Verfügung.

„Triton" ist nach dem griechischen Meeresgott und Sohn Poseidons, aber auch nach der sehr

Sonnenuntergang vor der Konoba Triton in Zaklopatica

seltenen und geschützten Meeresschnecke Tritonshorn benannt. Vor dem Restaurant finden Sie Anlegestellen – wie schon zuvor unter „Bucht Zaklopatica" beschrieben. Achten Sie auf den Schwell bei Bora.

Man kann entweder im Freien oder drinnen in einem der gemütlichen Räume sitzen. Die Gastfreundschaft kann man hier ruhig als vorbildlich bezeichnen. Wenn man den Chef bei entsprechender Laune erwischt, entwickelt sich dieser zu einem arabischen Geschichtenerzähler der Sonderklasse. Es gibt nichts vom Meer bis zur Politik, worüber er nicht zu referieren versteht. Außerdem ist er stets der Meinung, dass ein Stadtleben die Moral seiner Söhne gefährden könnte.

Außer Fleisch (wird hier eher selten serviert) und Brot erzeugt man hier alles mit eigener Landwirtschaft. Selbst das Olivenöl und der Wein (Plavac-Rotwein) stammen aus eigenem Anbau. Bei den Kräutern kommen überwiegend Kapern zum Einsatz – egal ob für Saucen, die köstlichen Scampi-Spaghetti oder im Brodetto. Den Gipfel der Kapernlust erreicht Tonci Jurica Gango mit der Herstellung seines Kapernessigs. Eigene Marmeladen werden aus Pfirsichen und der seltenen Frucht des Feigenkaktus eingekocht; eingelegt werden Schalotten, Perlzwiebeln und Pilze.

Tipp: Mit Gewichtsproblemen sollten Sie allerdings keinen Besuch der Konoba Triton planen, denn immer wieder gelingt es Tonci Jurica Gango, seine Gäste zu sehr ausgedehnten Gelagen zu verführen. Obwohl es keine Speisekarte gibt, zaubert er unendlich viele Fisch- und Fleischmenüs auf den Teller. Die Erstklassigkeit seiner Küche kann dann im Anschluss dafür sorgen, dass man wegen seiner überzähligen Pfunde ein schlechtes Gewissen bekommt.

Bucht Skrivena Luka

Ansteuerung: Der mächtige Leuchtturm Struga weist den Weg in diese schöne Bucht, die sich im Süden von Lastovo öffnet. Bei Bora und Jugo gibt es allerdings starke Böen. Der Schwell ist aber zumeist gering.

Muringliegeplätze gibt es vorläufig nur vor dem Restaurant Porto Rosso, jedoch Ankermöglichkeiten im Norden der Bucht auf ca. 5–12 m Wassertiefe.

Gefahren, auf die man besonders hinweisen müsste, gibt es hier nicht, man achte jedoch auf die abnehmenden Wassertiefen an der nördlichen Einbuchtung!

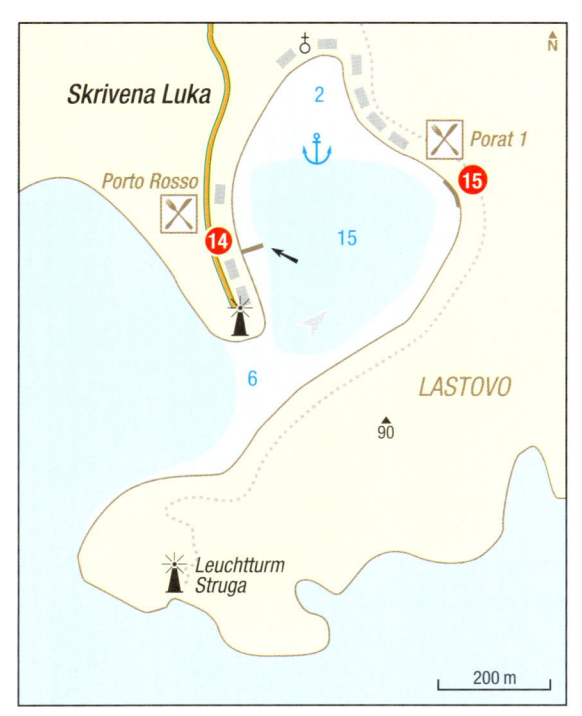

Restaurant Porto Rosso ⑭
42°44'N 016°53,3'E
Marcelino Simic
Tel. +385 (0) 20 80 12 61
E-Mail: portorus@email.t.com-hr
Öffnungszeiten: in der Saison täglich von 0900–2400 Uhr.

Hier liegt man am Steg vor Heckbojen. Es gibt Strom- und Wasseranschlüsse, allerdings werden auch von den Restaurantgästen 100 Kuna pro Boot und Tag verlangt.
Das Porto Rosso ist ein neues und engagiert geführtes Lokal. Deutliches Zeichen für die Bemühungen um den Gast ist eine ausführliche Speisekarte. Im Gegensatz zu anderen Restaurants dieser Gegend enthält diese auch Steaks. Das von uns verzehrte Fleisch entsprach voll und ganz unseren Vorstellungen.
Großartig war übrigens auch der Brodet vom Drachenkopf – eine Art Fischtopf.

Das Porto Rosso bietet gehobene Gastlichkeit.

Insel Lastovo

Erwähnenswert ist auch die hier offensichtlich gepflegte Tischkultur: Vom Gedeck bis zum Tischschmuck erreicht man im Porto Rosso ein für diese Breiten überdurchschnittliches Niveau. Eine windgeschützte Terrasse befindet sich vor dem Lokal. Man kann auch auf Zusatzterrassen sowie direkt am Kai auf dem Steg speisen und dabei den großartigen Blick in die Bucht mit dem Sonnenuntergang genießen.

Konoba Porat 1 ⑮
42°44'N 016°53,3'E
Skrivena Luka
Otok Lastovo
20290 Lastovo
Tel. +385 (0) 98 90 99 245; +385 (0) 20 801 260
Öffnungszeiten: in der Hauptsaison 0900–2400 Uhr.

Anlegemöglichkeiten – wie schon unter „Bucht Skrivena Luka" beschrieben – sind vorhanden, ergänzt um die Möglichkeit, vor dem Porto Rosso gebührenpflichtig anzulegen.
Der Besitzer plant (hoffentlich nicht nur in seiner Fantasie), 2006 einen neuen Steg mit 40 Muringliegeplätzen zu eröffnen.
Dieses neue Restaurant besitzt eine schöne Terrasse mit dem hier schon oftmals beschriebenen wunderschönen Blick auf die Bucht. Der Betreiber der Konoba, die sich eher in Richtung Restaurant entwickelt, ist der junge Robert Dracinic, der sich felsenfest vorgenommen hat, eine der ersten Adressen auf der Insel zu werden. Sein Bruder hat die Rolle des Fischers übernommen. Bereits früh am Morgen fährt er hinaus, um die Meeresfrüchte und Fische frisch für die Küche zu fangen.
Die Küche muss man als „klassisch" bezeichnen, jedoch kann man ihr eine gewisse Raffinesse nicht absprechen.
Die Weinkarte enthält einige gute regionale Weine. Nach den Vorstellungen der jungen Chefs soll es in Zukunft aber eine noch größere Auswahl geben, vor allem glasweisen Ausschank aus der Bouteille.
Alles in allem könnte die Konoba Porat 1 ein guter Tipp für die Zukunft sein.

Fangfrisch auf den Tisch – hier wird eine delikate Zahnbrasse serviert.

Porat 1 – in diesem neuen Lokal findet man gehobene Tischkultur.

Dalmatien – Vis, Lastovo und Mljet

Pomena
- ⑯ Konoba **Nine**
- ⑰ Konoba **Galija**

Polace
- ⑱ Konoba **Stella Maris**
- ⑲ Restaurant **Ogigija**
- ⑳ Restaurant **Bourbon**

Sobra
- ㉑ Restaurant **Mungos**

Prozura
- ㉒ Konoba **Marijina**
- ㉓ Konoba **Barba**

Okuklje
- ㉔ Konoba **Maran**
- ㉕ Restaurant **Porto Camara**
- ㉖ Konoba **Maestral**

Podskolj
- ㉗ Konoba **Stermasi**

Saplunara
- ㉘ Konoba **Kod Ante**
- ㉙ Konoba **Franka**

Insel Mljet

Insel Mljet

Man zählt in Kroatien 718 Inseln – das sind eigentlich karibische Verhältnisse, nur eben nicht so weit von unserer Haustür entfernt. Mit dem optischen Reiz der Landschaften, Küsten und Buchten sind die kroatischen Inseln aber mühelos mit der Karibik vergleichbar. Vom Klima her bleiben Ihnen jedoch 98 % Luftfeuchtigkeit bei 40 °C im Schatten erspart.

Ganze 66 Inseln von den über 700 Eilanden sind bewohnt und warten darauf, von Ihnen entdeckt zu werden.

Hier wollen wir uns nun der südlichsten Insel der hier behandelten Dalmatinischen Inseln widmen – Mljet.

Mljet (lat.: Melita) liegt westlich vor der romantischen Stadt Dubrovnik, die auch „Perle der Adria" genannt wird. Eine Insel mit vielen Mythen – und daneben auch das Eiland der Mungos und Bienenvölker. Der Mungo ist eine Schleichkatze und wurde im letzten Jahrhundert aus Indien nach Mljet gebracht, um hier seinen virtuosen Job als Schlangenvertilger zu erledigen. Die Dienstauffassung des Tieres war und ist zufriedenstellend, denn Schlangen gibt es auf Mljet nicht mehr.

Spuren der Römer auf Mljet datieren bereits aus dem 3. Jahrhundert n. Chr. Reste eines für diese Zeit und Gegend wahrhaft luxuriösen Rö-

Ausfahrt aus der Bucht Okuklje in den Mljetski-Kanal – im Hintergrund die Berge Peljesac

Imposante Kulisse: hohe Berge ziehen sich an der Küste von Mljet entlang.

merpalastes findet man in Polace. Dieser Ort hatte wohl über lange Zeit eine wichtige Bedeutung, was auch die drei hier errichteten Basiliken bestätigen.

Mljet ist mit viel Wald gesegnet, und besonders dicht ist er um zwei Seen gruppiert. Ignet Dordic, ein Lyriker aus dem 18. Jahrhundert, bemerkte dazu: „Wenn Du mit einem kleinen Boot über den See fährst, ist es, als ob Du durch einen Wald gleitest".

Ein imposantes Architekturbeispiel ist das Benediktinerkloster aus dem 12. Jahrhundert auf der winzigen Insel St. Maria (Sveti Marija). Der Klosterkomplex liegt inmitten des Großen Sees und ist umgeben von einer mediterranen Parklandschaft. Im Laufe der Geschichte wurden hier über Jahrhunderte unzählige Chroniken, Abhandlungen und literarische Schriften verfasst. Sie stellen heute ein kostbares Erbe der kroatischen Geschichte und Kultur dar.

Das Besondere an den beiden natürlichen Salzseen ist, dass sie über einen 2,5 m breiten und 0,3 m tiefen Kanal miteinander verbunden sind, der Große See hat zudem durch den 10 m breiten und bis zu 2 m tiefen Soline-Kanal auch einen Anschluss an die See.

Der Malo jezero (Kleiner See) hat eine Fläche von 0,24 km^2 bei einer Tiefe von bis zu 29 m. Er ist damit deutlich seichter als der Veliko jezero (Großer See). Der Veliko jezero hat eine Fläche von 1,45 km^2 und ist bis zu 46 m tief. Mit den Gezeiten fließt das Wasser entweder in die eine oder andere Richtung zwischen den Seen. Ein idyllischer Wanderweg führt Sie am Kleinen See entlang – zum Großen See. Von dort aus können Sie die Fähre benutzen, die Sie zum Kloster auf der Seeinsel bringt.

Der Nationalpark Mljet besticht durch seine über Jahrhunderte bewahrte Unberührtheit. Dadurch sind seine landschaftlichen Schönheiten,

Die Klosterinsel Sv. Marija

die geologischen wie auch biologischen Eigenheiten erhalten geblieben. Aus ökologischen Gründen dürfen Yachten und Touristenschiffe nur bis zum Eingang des engen Soline-Kanals fahren, der den Weg in die Buchten des Großen und Kleinen Sees öffnet. Auf den Seen selbst dürfen nur die Ausflugsboote des Nationalparks fahren sowie Paddelboote, Kanus und einige wenige Boote der raren Bewohner dieses Teils der Insel.

Hinweis: Das Betreten des Nationalparks ist mit Eintrittsgebühren verbunden.

Mljet war auch eine Insel des Odysseus, der hier sieben Jahre bei der Nymphe Kalypso „ausruhte". Kalypso war eine Meeresnymphe, Tochter des Titanen Atlas und lebte einsam auf der Insel Ogygia in der Ionischen See. Pech für Odysseus – Glück für Kalypso: Der griechische Held erlitt genau vor ihrer Insel Schiffbruch. Mit allerlei Versprechungen – wie Unsterblichkeit und ewiger Jugend – versuchte die verliebte Kalypso den „Mann ihrer Träume" für immer an sich zu binden. Doch Odysseus wollte wieder heim, und so „kidnappte" sie ihn vorsorglich für sieben Jahre gegen seinen Willen. Erst Zeus persönlich konnte sie bewegen, Odysseus wieder ziehen zu lassen. Kalypso schied darob vor lauter Kummer aus dem Leben ...

Die Griechen nennen Mljet „Honiginsel" (melite nesos), und die jahrhundertealten Pinienwälder haben Mljet tatsächlich zu einer der zauberhaftesten Inseln des Mittelmeeres gemacht. Die Benediktiner besiedelten später nur mehr den westlichsten Teil des Eilandes, und ab dem 18. Jahrhundert durfte die Insel überhaupt nicht mehr besiedelt werden. So sind der Raubbau an der Natur und die landwirtschaftliche Industrialisierung ausgeblieben.

Zu Titos Zeiten wurde das alte Kloster von Mljet übrigens als Hotel für Parteibonzen genutzt, heute steht es leer.

Insel Mljet

Die landschaftliche Schönheit ist in der Tat beeindruckend, doch nicht jeder Wanderweg ist so angelegt, als hätte ihn der Österreichische oder Deutsche Alpenverein geplant. An touristischer „Organisation" fehlt es hier zumeist generell. Auch wird die historische Odysseushöhle noch etwas darauf warten müssen, bis sie vom Gerümpel der alten Fischerboote befreit wird.

Bei Gaststätten, Restaurants und Konobas trifft man zumeist auf kleinere Familienbetriebe, die zwar gastronomisch hohe Qualitäten bieten können, aber auch leicht an die Grenzen ihrer Kapazitäten stoßen – eine längere Wartezeit oder das Fehlen von Gerichten kann dann die Folge sein. Nehmen Sie die Dinge also gelassen.

Touristen bringen Geld in die Region, und der Kunde ist König. Das lernende Bemühen der meisten Wirte in dieser sich entwickelnden Tourismusregion wird Ihnen sicherlich angenehm auffallen. Extrem protziges Benehmen, aufbrausendes Fordern und Zur-Schau-Stellen von Reichtum mancher „Yachties" trägt allerdings mit Sicherheit nicht dazu bei, die für sie arbeitenden Gastronomen zu Spitzenleistungen zu motivieren!

Tipp: An der Südküste der Westspitze von Mljet, geschützt von Rt Lenga am Eingang zur Luka Gonoturska, liegt etwas versteckt eine kleine Bucht, Uvala Blaca – auch Veli Blace genannt. Während im Sommer die sonst so stillen Buchten der Insel hin und wieder zu Tummelplätzen von Touristen werden, herrscht hier – da es sich um einen Geheimtipp handelt – noch idyllische Ruhe. Ein kleiner Pferdefuß ist allerdings auch dabei: Stärkere südöstliche Winde bewirken, dass der Schwell der offenen See in die Bucht steht. Da dies recht unangenehm werden kann, empfiehlt es sich, hier nur bei stabiler Wetterlage zu nächtigen.

Konobas und Restaurants

Pomena

Ansteuerung: Von Westen kommend, passiert man vor der Südspitze von Mljet den 11 m hohen weißen Leuchtturm auf Hrid Crna seka. Die Insel Pomestak bietet Pomena Schutz vor Starkwinden und Bora. Man kann sie von beiden Seiten umfahren, jedoch gibt es dicht unter dem Ufer mehrere seichte Stellen.

Unter dem Südufer finden Sie gute, borasichere *Ankerplätze:* Leinen zum Land ausbringen. Mit dem Dingi gelangt man dann mühelos nach Pomena. Bei starken Nord- und Westwinden steht etwas Schwell in die Bucht, der die Boote an den Liegeplätzen vor den Lokalen und dem Hotel Odisej ziemlich zum Schaukeln bringt.

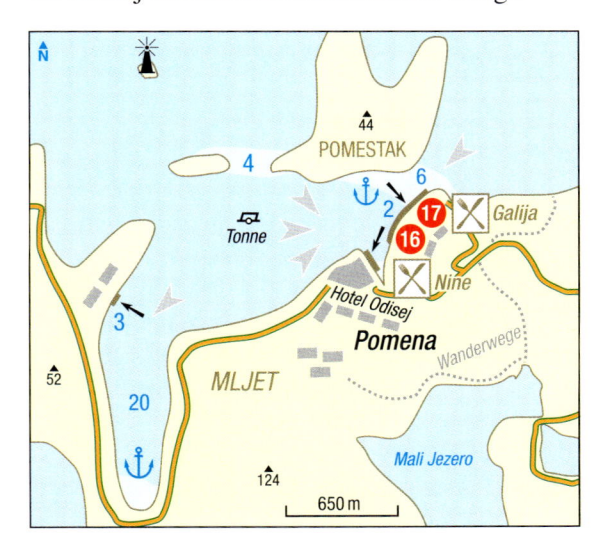

Vor der Westseite von Mljet liegen mehrere Untiefen, die in den letzten Jahren mit Stangen markiert wurden.

Es ist allerdings sehr ratsam, weiterhin mit größter Aufmerksamkeit und unter Verwendung der amtlichen Seekarten dieses herrliche Revier zu befahren.

Der Kai von Pomena mit den Liegeplätzen der Konobas

Im kleinen, lebhaften Ort Pomena steht das Hotel Odisej, Tel. +385 (0) 20 36 21 11, E-Mail: info@hotelodisej.hr, www.hotelodisej.com. Hier befindet sich auch der einzige Bankomat der Insel.

Wiederum mit frischem Bargeld ausgestattet, können Sie eine geführte Tauchexkursion zu einem versunkenen deutschen Torpedoboot aus dem Zweiten Weltkrieg buchen.

Vor dem Hotel am Ortskai gibt es 35 Liegeplätze mit Strom- und Wasseranschlüssen. Murings sind geplant. Die Lokale am gegenüberliegenden Ufer haben durchweg Liegeplätze mit Heckbojen und sind mit Strom- und Wasseranschlüssen ausgestattet. In der Nebenbucht Lokva gibt es eine Ankermöglichkeit auf etwa 6 m, zusätzlich eine kleine Pier mit einer Tiefe von ca. 3 m.

Von Pomena aus kann man sehr schöne Wanderungen auf gut gekennzeichneten Wanderwegen unternehmen. Als lohnendes Ziel bietet sich die Klosterinsel Sv. Marija am Veliko jezero an.

Gegenüber dem Hotel befindet sich ein Kai, an dem mittlerweile fünf Lokale – mit unmittelbar davor liegenden Liegeplätzen mit Heckbojen – direkt nebeneinander eröffnet haben. Weithin bekannt ist die Konoba Nine, jedoch machen alle Lokale einen einigermaßen einladenden Eindruck. Zwei davon sollen hier explizit hervorgehoben werden.

Konoba Nine ⑯
42°47,5'N 017°20,2'E
Pero Metana Begeta
Tel. +385 (0) 20 74 40 37 oder
+385 (0) 98 79 67 96
Öffnungszeiten: ganztägig (April–November); hier öffnet man aber auch nach Bedarf bei Voranmeldung. Es gibt fünf Liegeplätze mit Heckbojen, die mit Wasser- und Stromanschlüssen ausgestattet sind.

Insel Mljet

Restaurant Galija ⑰
42°47,5'N 017°20,2'E
Vicko Mantana
Tel. +385 (0) 20 74 40 37 oder +385 (0) 98 80 86 08
Öffnungszeiten: ganztägig (April–November); man öffnet aber auch nach Bedarf bei Voranmeldung. Es gibt sechs Liegeplätze mit Heckbojen, die mit Wasser- und Stromanschlüssen ausgestattet sind.

An sich könnte man den Kommentar zur Konoba Nine eins zu eins übernehmen. Subjektiv betrachtet handelt es sich hier jedoch um ein Lokal mit einem Tick mehr Gemütlichkeit bei absolut solider Küche. Eine der Spezialitäten – Langusten – schwimmen in einem Becken direkt vor dem Haus.

Das Nine gehört zu den Spitzenlokalen an der Küste von Mljet.

Die Konoba Nine ist das wohl bekannteste Lokal dieser gastronomischen Meile. Es stellt sich dem Besucher als gepflegt und sauber dar. Das Lokal imponiert mit einer großen Weinauswahl im temperierten Kühlschrank und ausgezeichneter regionaler Küche mit Langustenspezialitäten.
Ihr Boot legen Sie am besten nur dann direkt vor der Konoba an, wenn Sie auch vorhaben, dort als Gast zu speisen. Es geht nämlich das Gerücht um, dass der in der Hochsaison leicht entnervte Besitzer die Festmacheleinen von Yachten mitten in der Nacht gelöst haben soll, nur weil die Eigner „vergaßen", bei ihm einzukehren.
Das Restaurant hat im Übrigen überdurchschnittlich ausgestattete Toilettenanlagen.

Die Konoba Galija

Bucht Polace

Polace ist eine schöne, große Bucht an der Nordküste im westlichen Teil von Mljet mit dem Hafen Polace sowie einer Ankerbucht, die zum Nationalpark Mljet gehört. 2005 betrug die Eintrittsgebühr 60 Kuna pro Erwachsenen. Allerdings ist in diesem Betrag Beförderung und Eintritt zum Veliko jezero und zur Klosterinsel enthalten.

Ansteuerung: In den Hafen von Polace gelangt man durch die Passage zwischen den Inseln Moracnik, Tajnik und Kobrava, deren Formation an einen Fjord erinnert und die manchen Skipper sogar die eine oder andere „Ehrenrunde" machen lässt. Von Norden kommend, beachte man das kleine Riff in der Einfahrt nordwestlich vor Moracnik. Von Süden kommend, fährt man nach dem Passieren des Leuchtturms Hrid Kula vor der Ostspitze von Kobrava in diese traumhafte Inselgruppe ein. Untiefen sind bei entsprechendem Abstand zu den Inseln nicht zu fürchten. Man achte bei der Einsteuerung auf die fast immer vorhandenen Taucher und Schwimmer.

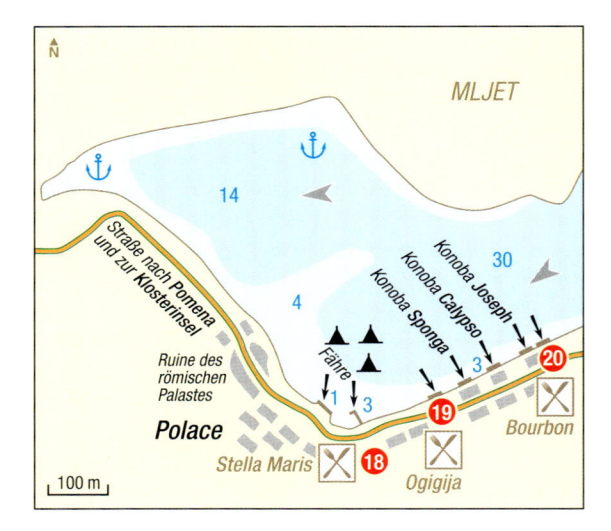

Anlegemöglichkeiten: Am Kai haben fünf Restaurants jeweils vor ihrem Lokal Liegeplätze mit Heckbojen, die mit Wasser- und Stromanschlüssen ausgestattet sind.

Südlich der Ruinen des römischen Palastes (Näheres dazu siehe unten) gibt es die Liegeplätze des Hafens Polace mit jedoch sehr geringer Wassertiefe. Außerdem können Sie an den Bojen von zwei weiteren Restaurants festma-

Reste eines römischen Palastes; der Name der Stadt wurde davon abgeleitet: Polace – Palast.

chen. In der Hochsaison ist eine Reservierung unbedingt erforderlich, da diese „Fressmeile" gern angefahren wird und zumeist unter fast hoffnungsloser Überfüllung leidet.

Die angrenzende große Ankerbucht bietet vielen Booten Platz, jedoch sollte man bei starkem Nordwestwind, bei Jugo und Bora, die starke, drehende Böen in die Bucht jagen, den Hafen in Polace aufsuchen.

Im Ort gibt es einen Bäcker und einen Minimarkt.

Erbaut wurde der römische Palast von Agesilains aus dem kilikischen Anabarzos. Dieser wurde vom römischen Kaiser Septimius Severus (193–211) auf diese Insel verbannt. Agesilains und sein Sohn Opian nutzten den Palast als Versteck. Der Junior, mit einer dichterischen Ader ausgestattet, schrieb Verse über das Meer und den Fischfang – unter anderem zählt „Aleutika" zu seinen Werken. Diese Texte kamen dem nachfolgenden Kaiser Marcus Antonius Aurelius zu Ohren, und dieser war darüber so gerührt, dass er Vater und Sohn begnadigte und ihnen die Freiheit schenkte. Erst im 16. Jahrhundert wurde diese Begebenheit in dem Epos „La Storia de Raugia" von dem Florentiner Razzi Serafin niedergeschrieben.

Konoba Stella Maris ⑱
42°47,3'N 017°23'E
Duro Dabelic
Tel. +385 (0) 20 74 40 59 oder
+385 (0) 98 61 92 87

Zwei Festmachebojen sind vor dem Lokal ausgelegt. Alternativ kann man am Ortskai festmachen, der nur wenige Meter entfernt ist.

Wenn dieses Lokal sogar von anderen Wirten respektvoll als „gut" empfohlen wird, kann man ruhigen Gewissens behaupten, dass es den Durchbruch geschafft hat.

Man speist hier in guter Atmosphäre und gemütlicher Einrichtung. Die regionale Küche ist unbedingt zu empfehlen. Die Konoba Stella Maris ist schon seit längerer Zeit unter Skippern ein Geheimtipp.

Stella Maris – auch von den Einheimischen empfohlen – lohnt immer einen Besuch.

Die Konoba Ogigija ist seit 1974 ein fester Bestandteil der Gastronomie auf Mljet.

Konoba Ogigija ⑲
42°47,3'N 017°23'E
Tel. +385 (0) 20 74 40 90 oder
+385 (0) 98 60 68 73

Es sind 15 Liegeplätze mit Heckbojen vorhanden – wie unter „Bucht Polace" bereits beschrieben.
Die bereits 1974 eröffnete Konoba zählt zu den „Urgesteinen" unter den Gastronomiebetrieben. Hier erwartet Sie besonders freundliches Personal. Die Gerichte sind von unterschiedlicher Qualität, und die Bedienung trägt keine Schuld an den „ups and downs" der Küche.
Die Konoba Ogigija vermietet auch einige Appartements.

Restaurant Bourbon ⑳
42°47,3'N 017°23'E
Tel. +385 (0) 20 74 41 42 oder
+385 (0) 91 89 30 04 26
Radio Station Kanal 11

10 Liegeplätze mit Heckbojenbefinden sich direkt vor dem Lokal – sonst wie unter „Bucht Polace" bereits beschrieben.
In diesem Haus wäre der profane Begriff „Essen" eine Herabwürdigung dessen, was geboten wird, denn man befindet sich in einem der nobelsten Lokale von Mljet.
Das Restaurant zeichnet sich durch hohe Tischkultur aus. Das Haus selbst wirkt baulich gediegen, geschmackvolle Blumenarrangements ergänzen das Ambiente. Der Standard der Ge-

Das Restaurant Bourbon glänzt mit Eleganz, Tischkultur und kreativer Küche.

richte ist sehr hoch, und dahinter steckt ein sehr kreativer Küchenchef. Doch wie bei allen „Stars" dieser Branche kann man von ihm hinter vorgehaltener Hand hören, dass er auch eine ausgeprägte Launenhaftigkeit in sich trägt. Kritiker meinen, dass sich das bei vollem Lokal und unter Stress deutlich auf das Niveau der Küche auswirkt. Die Preise bewegen sich eher im höheren Bereich.

Bucht Sobra

Ansteuerung: In der Bucht Sobra an der Nordküste Mljets liegt der Hauptfährhafen der Insel. Der weiße Leuchtturm auf Rt Pusti weist den Weg in die große Bucht, an deren Ostufer sich die Bunkerstation befindet. Direkt neben der Tankstelle (für Autos und Boote) legt die Fähre (tägliche Verbindung) von und nach Dubrovnik an. Die Bora kann hier sehr ungemütlich sein.

Am Westufer liegt der Ort Sobra mit dem Gasthaus Mungos.

In dieser Bucht sind keine Untiefen vorhanden. Unter dem nördlichen Ufer befinden sich die Anlagen einer Muschelzucht, davor darf man allerdings ankern.

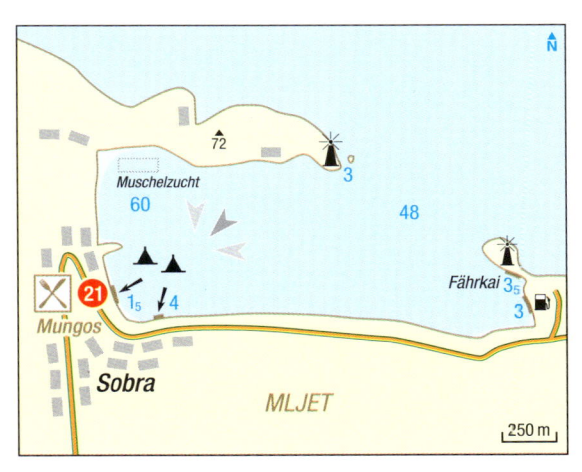

Festmachebojen vor dem Restaurant Mungos in der Bucht Sobra, dahinter die Peljesac-Berge

Restaurant Mungos ㉑
42°44,3'N 017°36'E
Petar Dabelic
Tel. +385 (0) 20 74 50 60 und
+385 (0) 98 20 89 68
www.mungos-mljet.com

Fünf Liegeplätze mit Heckbojen plus fünf Festmachebojen sind vor dem Lokal ausgelegt. Wie bereits erwähnt, ist bei stärkerer Bora und des dann einsetzenden ungemütlichem Schwells hier vom Festmachen oder Anlegen abzuraten. Petar Dabelic, der Besitzer dieses Lokals, hat jahrelange Erfahrungen in Deutschland und Österreich gesammelt, bevor es ihn wieder in die Heimat nach Mljet zurückzog. Sein im Ausland erworbenes Wissen kann er sich nun hier – im Ruhestand – gut zunutze machen. Sein Gasthaus wird sicherlich von der für 2006 geplanten Fährverbindung von Prapratno auf der Insel Peljesac nach Sobra (mehrmals täglich) profitieren. Er selbst bereitet sich mit Freude auf dieses kleine „Wirtschaftswunder" vor. Ob sich seine Vision auch als Vorteil für Erholungsuchende erweist, wird erst die Zukunft zeigen.

Zurzeit ist sein Gasthaus ein solides Restaurant. Gerichte vom Spieß oder Rost kann man ohne weiteres empfehlen. Ergänzt wird sein Refugium durch acht Appartements, von denen die Hälfte einen schönen Meerblick hat.

Liegeplätze vor dem Restaurant Mungos

Insel Mljet

Bucht Prozura

Ansteuerung: Falls Sie ein sonnenverträumtes, fast kitschiges Urlaubsmotiv zum Fotografieren suchen, dann werden Sie hier fündig. Prozura liegt an der Nordküste Mljets, vorgelagert sind die kleinen Inseln Planjak, Borovac und die Klippe Senjevci. Sie geben nicht nur so manches Fotomotiv her, sondern dämpfen auch den Schwell.

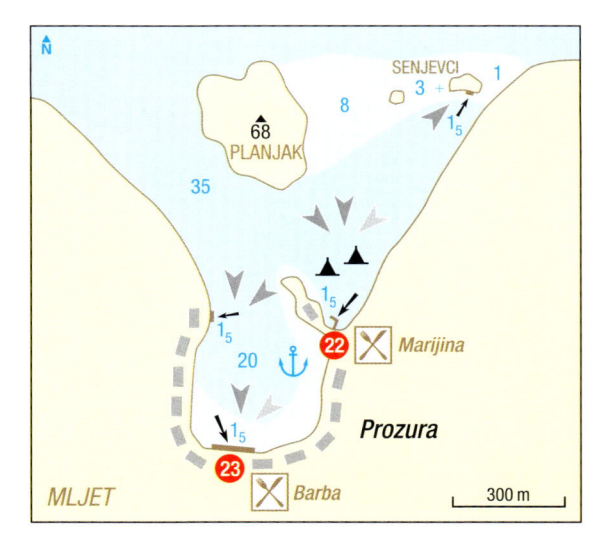

Am besten steuert man aus Nordnordwest in die Bucht ein und lässt dabei die Inseln Borovac und Planjak an Backbord liegen. Nach Passieren der letztgenannten Insel kann man sich entscheiden, ob man am Ostufer der Bucht die Konoba Marijina ansteuert oder am Südufer vor der Konoba Barba im kleinen Hafen des Dorfes Prozura festmacht.

Im Hafenbereich Prozura wird es zum Ufer hin sehr flach. Die Liegeplätze vor der Konoba Barba haben eine Wassertiefe von kaum mehr als 1,5 m.

Weitere Anlegemöglichkeiten: diverse Festmachebojen und Liegeplätze mit Hecklinen direkt bei den Lokalen.

Konoba Marijina ㉒

42°43,8'N 017°38,8'E
Nikola und Marija Belin „Rucalo"
Tel. +385 (0) 20 74 61 13,
Fax +385 (0) 20 74 62 29
Öffnungszeiten: 1. Mai bis 1. November (außerhalb der Saison unbedingt vorher anrufen).

Zwei Liegeplätze mit Heckbojen, mit Stromanschluss ausgestattet, sind vorhanden, zusätzlich fünf Festmachebojen.
Die Taverne befindet sich auf der flachen, lang gestreckten Landzunge von Prozura. Die unterschiedlichen Winde wirken sich in der Bucht kaum aus.
Man ist hier in einem traditionellen Familienbetrieb, und die Philosophie des Hauses ist deutlich spürbar: Der Gast hat stets im absolu-

Das Marijina gilt als eines der besten Lokale in Dalmatien.

ten Mittelpunkt zu stehen. In der Küche wird ausschließlich das zubereitet, was fang- bzw. tagesfrisch aus dem Meer oder dem Dorf eintrifft. Die Küche leitet im Übrigen – was hier sehr selten ist – eine Frau. Sie sollten unbedingt nach den jeweiligen Tagesgerichten fragen – da hat man dann schnell die Qual der Wahl.

Schöne Aussichten – auf der Terrasse des Marijina

Wir haben mit einem Tintenfisch begonnen (Tintenfisch ist übrigens der einzige Fisch, der tiefgefroren nicht an Qualität verliert, sondern eher gewinnt.). Dieser Kopffüßer ist das Trumpf-Ass der Küche und steht als Dauerangebot auf der Speisekarte. Zum Start kann man auch Käse in Olivenöl aus eigenem Anbau wählen.

Die Speisekarte gestaltet sich im Übrigen sehr übersichtlich, was keine Kunst ist, wenn nur maximal ein Dutzend Gerichte angeboten wird. Dafür gibt es verlockende und fast provokante Speisenfolgen: Haben Sie schon einmal ein Langustenbrodetto, gefolgt von einem gebratenen Ferkel probiert? Doch auch die Varianten mit dem Drachenkopf, dem Seeteufel oder der Muräne sind sehr verlockend. Die im Lokal angebotenen Austern werden täglich frisch angeliefert.

Unter dem Strich also eine überzeugende Küche, und der vortreffliche Geschmack hängt offenbar mit der Zubereitung mancher Gerichte im Holzkohleofen oder in einem speziellen Tonofen zusammen. In Letzterem hat auch ein viele Kilo wiegender Riesenfisch keine Platzprobleme.

Als geradezu sensationell haben wir auch die Platte mit dem rohen Schinken und dem Ziegenkäse empfunden.

Das Geheimnis des Marijina: Aus diesem Ofen kommen die grandiosen Köstlichkeiten.

Konoba Barba – ein schönes Lokal mit herrlichem Blick über die Bucht Prozura

Konoba Barba ㉓
42°43,8'N 017°38,8'E
Tel. +385 (0) 20 74 62 00 oder
+385 (0) 95 24 804

Vier Liegeplätze mit Heckbojen plus vier Festmachebojen sind vorhanden – die Wassertiefe bei den Liegeplätzen mit Heckbojen sollte im Auge behalten werden.

Diese Taverne führt in Prozura das Dasein eines Stiefkindes, da die meisten Crews – instinktiv und wie von einem Magneten angezogen – in die Konoba Marijina einfallen. Dabei lohnt sich ein Besuch hier ohne weiteres, denn das Lokal hat eine sehr schöne Lage und ist darüber hinaus auch sehr gepflegt. Peka-Gerichte stehen im Übrigen auch hier auf der Speisekarte. 2005 versuchte der Betreiber sein Angebot mit Pizzas zu erweitern, doch die Zustimmung der Besucher blieb aus.

Man sollte also nicht automatisch und in Herdenformation gleich zur Konoba Marijina fahren, sondern – vor allem, wenn dort Hochbetrieb herrscht – die Alternative Konoba Barba durchaus würdigen.

Bucht Okuklje

Ansteuerung: Zwei Leuchttürme weisen den Weg in diese legendäre Bucht an der Nordseite Mljets: der weiße Leuchtturm auf Rt Stoba an der Ostseite der Einfahrt und der grüne Leuchtturm auf einem Sockel im Wasser vor Rt Okuklje vor dem Nordufer. In der Bucht selbst ist Vorsicht wegen der Wassertiefen geboten. Lediglich die Anlegestellen am Nordufer – unten näher beschrieben – haben durchwegs Wassertiefen von 2 bis 4 Metern. Ansonsten nehmen die Wassertiefen zum Land hin stark ab. Die Liegeplätze mit Heckbojen am Südufer bei

Dalmatien – Vis, Lastovo und Mljet

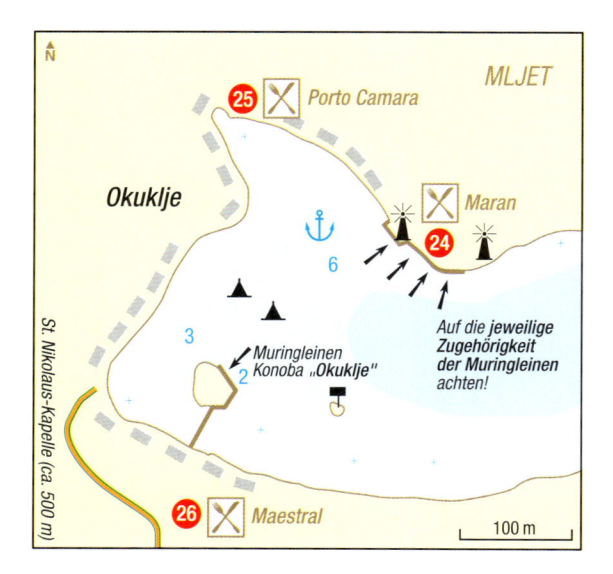

dem kleinen Inselchen gehören zur Konoba Okuklje. Wer dort anlegt, sollte dort auch essen gehen!
Diese Bucht ist vor allen Winden gut geschützt und dadurch ein Topziel für viele Skipper. Bei der Einfahrt ist auf die Einteilung der Liegeplätze mit Heckbojen zu achten, die – an einer langen Pier – den jeweiligen Lokalen zugehörig sind. Neben den nachfolgend beschriebenen drei Lokalen gibt es noch weitere kleine Familienkonobas, und alle haben eigentlich eine Speisekarte mit reichlicher Auswahl. Beim Ansturm von Gästen kommt es aber vor, dass das eine oder andere Gericht ausgegangen ist – hohe Besucherzahlen verursachen hin und wieder Stress.

Mit der Siedlung Okuklje in der „Piratenbucht" hat es eine besondere Bewandnis: Hier lebten im 16. Jahrhundert Menschen, die Wein- und Olivenbäume anpflanzten und Piraten schutzlos ausgeliefert waren.

1669 nutzte eine Bande diesen Umstand, überfiel die Siedlung, plünderte alles, was nicht niet- und nagelfest war und schlug den Rest kurz und klein. Ein Teil der Bewohner wurde gefangen genommen, verschleppt oder getötet. Die Überlebenden verließen mittellos diese un-

Einfahrt in die Bucht Okuklje – früher ein beliebtes Ziel von Piraten

heilvolle Gegend. Oberhalb des Ortes sind heute noch Überreste der St. Nikolaus-Kapelle zu sehen.
Zu erreichen ist diese historische Stätte über eine gut asphaltierte Straße. Ein Spaziergang dorthin lohnt sich allein schon wegen der grandiosen Aussicht über die ganze Bucht bis hin zur Halbinsel Peljesac.

Konoba Maran ㉔
42°43,6'N 017°40,4'E
Marlis und Rajko Bozanja
Tel. +385 (0) 20 74 61 86 oder
+385 (0) 98 93 19 601
www.okuklje-maran.com

Acht Liegeplätze mit Heckbojen am Ortspier mit Stromanschluss (der aber nur zeitweise eingeschaltet wird) sind vorhanden.

Die „Völkerverbindung" Marlis (Schweiz) und Rajko (Urgestein aus der Gegend) eröffnete 1997 diese gastronomische Institution. Nicht zu klären ist es, wer von den beiden den Brauch eingeführt hat, jeden Gast persönlich zu begrüßen und auch wieder zu verabschieden. Obendrein ist das Betreiberehepaar immer für einen kleinen Tratsch und Klatsch zu haben – hier sollte man unbedingt einmal einkehren.
Das Haus Maran kann man ohne Übertreibung als „Platzhirsch" bezeichnen: Direkt an der Ortspier gelegen, besitzt es Anlegemöglichkeiten gleich vor dem Haus (gelbe Markierung). Der Gästeansturm kann allerdings manchmal auch nervig sein.
Weintipp: Zilavka ist ein bosnischer Wein aus Mostar, der während der Tito-Ära als „Nationalwein" schlechthin galt – somit wurde er überall getrunken. Seit dem Zerfall des jugos-

Die Konoba Maran wird von Skippern seit Jahren immer wieder gern besucht.

Dalmatien – Vis, Lastovo und Mljet

Restaurant Porto Camara ㉕
42°43,6'N 017°40,4'E
Tel. +385 (0) 20 74 60 04 oder
+385 (0) 98 94 08 629

Muringliegeplätze befinden sich am Ortspier ca. 50 m entfernt – beim grünen Leuchtturm. Eine Ankermöglichkeit gibt es auch vor dem Lokal.
Vorsicht: Hier nehmen die Wassertiefen sehr schnell ab!
Die Speisekarte enthält alle lokalen Gerichte vom Fisch bis zu den Miesmuscheln – eine gute Alternative zur Konoba Maran.

Das Porto Camara liegt fernab jeden Trubels.

Von der St. Stefanskapelle hat man einen wunderschönen Blick auf die Bucht und das Maran.

lawischen Bundesstaates ist er kaum noch zu erhalten, da Bosnien und Kroatien inzwischen zwei unabhängige Staaten sind. Hier im Maran haben wir ihn wieder entdeckt. Er wird offen serviert und weckt so manche melancholische Erinnerung.
Tipp: Sollte es Ihnen einmal nicht gelingen, hier einen Tisch zu ergattern, so kehren Sie ruhig in einer der benachbarten Konobas ein, die allesamt zu empfehlen sind.

Blick in die Bucht von Okuklje

Insel Mljet

Konoba Maestral ㉖
42°44'N 017°41'E
Tihomir Hrnka's
Tel. +385 (0) 20 74 61 84 oder
+385 (0) 98 24 88 90
E-Mail: tihomir.hrnkas@du.htnet.hr oder restoran.maestral.holobit.net

Liegeplätze mit Heckbojen sind am Ortspier vorhanden – plus zwei gelbe Festmachebojen mitten in der Bucht.
Das Lokal ist ein seit 1977 bestehender Familienbetrieb. Von der etwas erhöhten Terrasse hat man einen imposanten Blick über die Bucht.
Das Highlight der Speisekarte ist der Brodet. Hier wird der Drachenkopf mit Polenta serviert. Käsefreunde werden sich dann am selbst gemachten Milchprodukt erfreuen. Naschkatzen wählen als Dessert den Pfannkuchen (Palatschinken), gefüllt mit selbst gemachter Marmelade.

Die Konoba Maestral am Südufer der Bucht Okuklje

Bucht Podskolj

Ansteuerung: Diese kleine Ankerbucht am östlichsten Zipfel Mljets mit dem vorgelagerten Inselchen Veli Skolj ist nur wenige Gehminuten von der Saplunara-Bucht entfernt. Leider ist es hier bei Jugo und starker Bora etwas problematisch. Ankermöglichkeiten bestehen auf 3–8 m Wassertiefe.
Die Einfahrt von Norden und Süden ist von der Wassertiefe her unproblematisch. Ein Einsteuern von Osten – zwischen den zwei vorgelagerten Inseln Mali und Veli Skolj hindurch – ist auch möglich, sollte aber aufgrund der geringen Wassertiefe und dem geringen Abstand der Inseln zueinander eher vermieden werden.

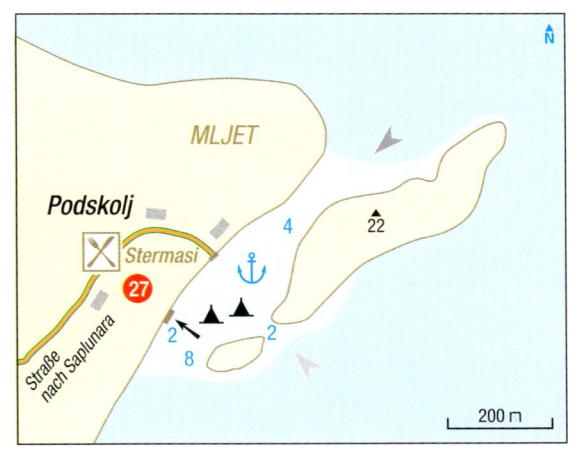

Konoba Stermasi ㉗
42°42,1'N 017°44,5'E
Adrian Stermasi
Tel. +385 (0) 20 74 61 79 oder
+385 (0) 98 42 70 81
E-Mail: astrit.stermasi1@du.hinet.hr
www.stermasi.hr

Anlegemöglichkeiten bestehen an zwei Festmachebojen, ab 2006 ist eine neue Betonpier mit mindestens zwei Liegeplätzen mit Heckbojen

Dalmatien – Vis, Lastovo und Mljet

Konoba Stermasi: Man hat die Wahl zwischen mehreren kleinen Terrassen, auf denen man zu den Spezialitäten des Hauses die fantastische Aussicht genießen kann.

auf 2–3 Meter Wassertiefe inklusive Strom- und Wasseranschluss vorgesehen. Vor Bora liegt man hier gut geschützt – bei Jugo steht etwas Schwell in die Bucht.

Adrian lernte zehn Jahre lang in Hamburg sein Handwerk von der Pike auf. Als besonders freundlicher Gastgeber erobert er schnell die Sympathien seiner Gäste. Die Qualität der Speisen, ergänzt um einen großartigen Service, hat ihm einen außerordentlich guten Ruf eingebracht. Die absoluten Spezialitäten des Hauses sind Wildschwein mit Gnocchi und Ziegenpeka.

Langusten, gekocht oder gegrillt, serviert man hier mit delikaten Saucen. Gern zeigt Ihnen Adrian auch sein „Langunstenverlies", in das er hinabsteigt, um die Tiere einzufangen. Eine bestechende Tischkultur ergänzt das Ambiente, und man kann auf mehreren Terrassen die grandiose Aussicht genießen.

Insel Mljet

Weintipp: Der rote Hauswein von den Feldern bei Babino Polje ist sehr gut, der Weißwein wird zugekauft, da der eigene Weißwein bis zur qualitativen Vollendung noch etwas Zeit braucht. Eine sehr vernünftige Einstellung! Darüber hinaus gibt es ein vielfältiges Travarica-Angebot, und Adrian wird Sie gern beraten.

Gesamteindruck: Dieses Restaurant ist eines der gastronomischen Highlights dieser Region. Im Übrigen stehen auch sehr schöne Appartements für einen Aufenthalt ohne Boot zur Verfügung.

Bucht Saplunara

Ansteuerung: Die Bucht Saplunara öffnet sich an der Südküste der Ostspitze von Mljet und ist eine gut geschützte Bade- und Ankerbucht mit Ausnahme bei Jugo, der Schwell mitbringt.

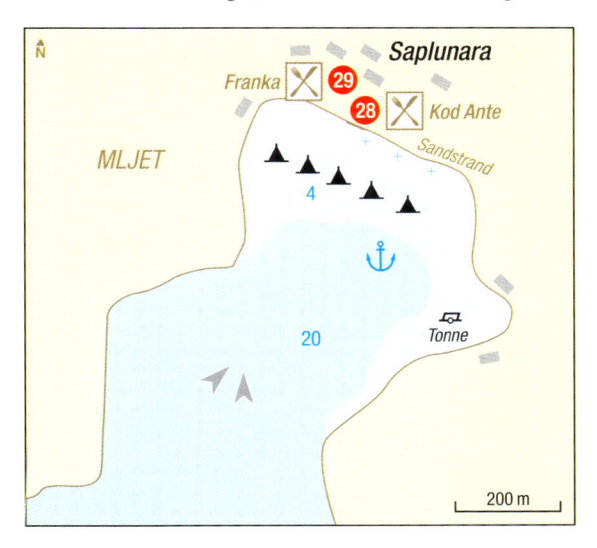

Ankermöglichkeiten bestehen auf 5–10 m Wassertiefe, Festmachebojen hat der Besitzer des Lokals Kod Ante ausgelegt. Sollten Sie dort nicht essen wollen, wäre es gut, um Erlaubnis zu fragen: Die netten Besitzer der Konoba werden Ihnen das Verweilen an der Boje sicher nicht verwehren.

Dem Besucher bietet sich ein herrlicher Sandstrand. Doch sollte man immer einen gebührenden Abstand vom kleinen Felsriff vor dem Nordufer der Bucht einhalten.

Einen kleinen Laden für Einkäufe findet man ebenfalls in der Bucht.

Konoba Kod Ante ㉘
42°41,9'N 017°44,2'E
Ivo Dabelic
Tel. +385 (0) 20 74 61 46 oder +385 (0) 20 35 60 69 (Tel. Nr. der Wohnung in Dubrovnik)
E-Mail: ivo_dabelic@hotmail.com
Öffnungszeiten: April–Oktober.

Sieben Festmachebojen stehen den Gästen zur Verfügung.
Der Grund, warum nur fangfrischer Fisch auf die Teller kommt, ist einfach – Ante fischt selber. Außerdem bietet die Speisekarte eine Reihe von Spezialitäten: Peka mit junger Ziege, Tin-

Eine Wissenschaft für sich: Ante bereitet den Ofen für ein Peka-Gericht vor.

Saplunara: links die Konoba Franka, rechts die Konoba Kod Ante

Blick von der Terrasse des Kod Ante über die Bucht Saplunara

Hier lässt es sich aushalten: auf der Terrasse der Konoba Franka.

tenfisch oder Drachenkopf. Der Drachenkopf-Brodetto sei hier explizit als vortrefflich erwähnt.
Gesamteindruck: Es handelt sich hier um das schönste Lokal dieser Bucht.

Konoba Franka ㉙
42°41,9'N 017°44,2'E
Franka Basica
Tel. +385 (0) 20 74 61 77
www.saplunara.com
Öffnungszeiten: ganzjährig geöffnet, außerhalb der Saison ist eine Reservierung erforderlich.

Sime Basica holte sich seine Erfahrungen als Chefkoch auf Cargoschiffen und ist ein hilfsbereiter und engagierter Mann, der sein Küchenhandwerk von Grund auf versteht. Das verwendete Olivenöl wie auch der Wein stammen aus dem eigenen Anbau. Stolz ist Sime Basica auch auf sein selbstgebackenes Brot.
Dem Haus sind sechs Appartements mit einfachstem Standard angeschlossen.

Danksagung

Dank! Hvala!
Die Fertigstellung dieses Buches wäre ohne meine Crew nicht gelungen, und ihr gebührt besonderer Dank:
Julius „Julio" Schedina (mein Vater, Senior-Captain und Kroatien-Urgestein),
Ulrike Unterleitner (verantwortlich für beste Verpflegung und blendende Laune),
Karl Fetka (designierter Seebär, unersetzliches Allround-Talent in allen Lebenslagen),
Sandra Pribil (seit einem Jahr frisch von Kroatien „infiziert" – diese Frau ist ein Energiewunder!),
Mario Hader (Schiffsjunge, Meister aller Leinen und Taue; Untertitel: Captain in spe),
Gerhard Bergmann von Offshore-Boote, Wien, mit dessen „Yaretti 1520" wir unsere Recherchen durchführen durften.
Mein Dank geht auch an das Magazin „More" in Zagreb, das mir für zwei Lokale auf Vis Bildmaterial zur Verfügung gestellt hat.
Dank auch an Karl-Heinz Beständig für die freundliche Unterstützung. Viele der Tiefenangaben beruhen auf seinen vor Ort gemessenen Werten.
Last, but not least, danke ich Regina Pils, der Sekretärin meines Mitautors Fritz Wagner, für ihren intensiven und zeitaufwändigen Einsatz am Computer.

Ich danke allen sehr herzlich!
Euer Thomas

Die Crew, die bei der Recherche vor Ort behilflich war.

Register

Bisevo 24, 27, 40, 41
Bisevska luka 40
Borova 45
Borovac 67
Brastin 48
Budikovac 28

Cesvinica 45

Gonoturska 59

Kobrava 62
Komiza 26–29, 34–37
Kut 28, 31–33

Lastovo, Insel 44 ff.
Lastovo, Stadt 46
Luka 28, 30

Mala Cavojnica 39
Mala Travna 37–39
Mali Skolj 73
Mali Lago 46
Malo jezero 57
Marinje Zemlje 37
Mljet 56 ff.
Moracnik 62
Mrcara 45, 47

Okuklje 69–73

Pasadur 47, 48
Planjak 67
Podskolj 73–75
Polace 62–64
Pomena 59–61

Pomestak 59
Porat 27, 41
Prezba 45–47
Prozura 67–69

Ravnik 27

Saplun 45
Saplunara 73, 75–77
Skrivena Luka 45, 51–53
Sobra 65, 66
Stomorina 45
Stoncica 39, 40
Sveti Mihajlo 46

Tajnik 62

Ubli 46, 48
Uvala Blaca 59

Veli Blace 59
Veli Skolj 73
Veliko jezero 57, 60, 62
Velji Lago 45–48
Vis, Insel 24 ff.
Vis, Stadt 30 ff.
Viska luka 30, 31
Vlasnik 45, 48

Zaklopatica 45, 46, 49–51
Zaljev Komiza 34

Unentbehrliche Törnbegleiter

Für die Törnplanung und zur Information unterwegs: Die Nautischen Reiseführer sind kundige Begleiter in die schönsten Yachtreviere der Adria. Mit detaillierten Karten, zum großen Teil farbig, zahlreichen Farbfotos, nautischen Angaben, Informationen zu Liegeplätzen und Versorgung in den Häfen, Marinas und Buchten sowie touristischen Tipps.

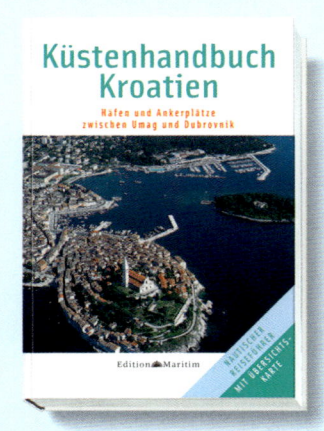

Küstenhandbuch Kroatien
Häfen und Ankerplätze zwischen Umag und Dubrovnik
172 Seiten, 125 Farbfotos, 194 farbige Pläne, 1 farbige Faltkarte
Format 21 x 30 cm, gebunden
ISBN 3-89225-338-2

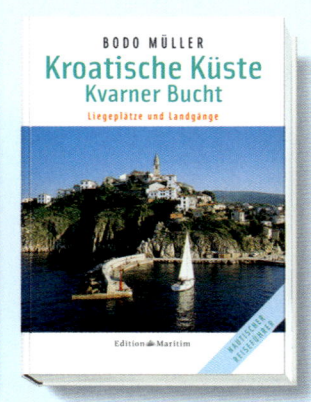

Kroatische Küste Kvarner Bucht
Liegeplätze und Landgänge
104 Seiten, 59 Farbfotos, 111 farbige Pläne
Format 18 x 24 cm, gebunden
ISBN 3-89225-479-6

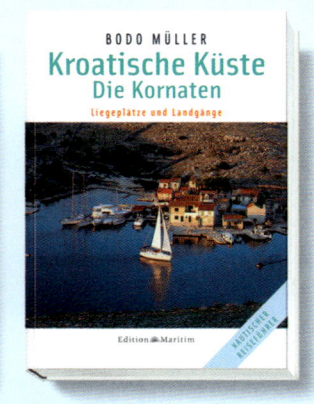

Kroatische Küste Die Kornaten
Liegeplätze und Landgänge
88 Seiten, 105 Farbfotos, 26 farbige Pläne
Format 18 x 24 cm, gebunden
ISBN 3-89225-461-3

Im Buch- und Fachhandel erhältlich

InfoLine 0521/55 99 11 • Fax 0521/55 91 14 • www.delius-klasing.de/shop